森防人与森防事

国家林业局森林病虫害防治总站　编

中国林業出版社

图书在版编目(CIP)数据

森防人与森防事 / 曲苏主编；国家林业局森林病虫害防治总站编.
—北京：中国林业出版社，2015.5
ISBN 978－7－5038－7983－8

Ⅰ. ①森… Ⅱ. ①曲…②国… Ⅲ. ①森林－病虫害防治－先进工作者－先进事迹－中国 Ⅳ. ①K826.3

中国版本图书馆 CIP 数据核字(2015)第 102069 号

出版 中国林业出版社(100009 北京西城区刘海胡同 7 号)
网址 http://lycb.forestry.gov.cn
E-mail forestbook@163.com **电话**：(010) 83143515
发行 中国林业出版社
印刷 北京中科印刷有限公司
版次 2015 年 9 月第 1 版
印次 2015 年 9 月第 1 次
开本 170mm×240mm
印张 10
字数 156 千字
印数 1～2000 册
定价 60.00 元

《森防人与森防事》编委会

主　编　曲　苏

副主编　孙玉剑　李计顺

编　委　郭　瑞　刘　寰　刘玉芬　梁丽珺
刘东力　高立军　陈蔚诗　刘建波
乔显娟　鄢广运　阳金华　潘布阳
严　洁　刘日发　刘思源　严忠杰
赵　龙　马建海　李志强　肖琳清
伦北平

前　言

大地有了森林，才能绿色永驻，才能焕发青春活力；社会因为森林，人类才能与自然和谐，可持续发展就有了基本的依托。

但是，林业有害生物的发生危害，无情地耗费着宝贵的森林资源，吞噬着滋生人类文明的绿色基石。据统计，我国有林业有害生物8000余种，能造成严重灾害的近300种，年均发生面积近1200万公顷，损失森林蓄积2551万立方米，折合经济价值1100多亿元。在严酷的生物灾害面前，森防人恪守职责，牢记使命，不畏难，不懈怠，不退却，健全机制，创新举措，沉着应对，经过日复一日、年复一年的艰苦努力，有效控制了林业有害生物灾害的扩散蔓延，减轻了灾害损失，保护了森林资源，为巩固造林绿化成果、建设生态文明发挥了积极的作用。

在防控林业有害生物灾害的漫长进程中，涌现出一大批爱岗敬业，勤于奉献，技术精湛，事迹感人，影响广泛的基层森防工作者。他们淡薄名利，几十年如一日，全身心致力于钟爱的森防事业，历经艰辛、磨难，有人甚至牺牲了家庭和个人健康，但当他们看到自身的辛苦努力换来的是满山遍野的绿色和健康的森林时，他们内心充满了喜悦和对绿色未来的美好憧憬。他们没有豪言壮语，但是在物欲横流的现实社会中，他们用与林业有害生物抗争、保护森林的实际行动诠释了真正的人生。

为树立典型，大力弘扬以“除害、敬业、厚德、求是”为主要内容的“啄木鸟精神”，传承和发展森防文化，国家林业局森防总站组织开展了“寻找‘最美森林医生’活动”，各级森防局（站）按照活动方案要求，结合本地工作实际，精心组织，认真实施，活动进展顺利，取得了“传播先进技术，交流典型经验，强化社会服务，提高为民意识，吸引公众参与”的预期宣传效果，为宣传森防、唤起公众理解和支持营造了良好舆论氛围。

在“寻找‘最美森林医生’活动”中，各地组织记者对辖区最美森林医生进行了深入的采访报道，他们以饱满的热情和强烈的事业心，用简洁流畅的语言，记录了发生在最美森林医生身上大量鲜活、感人的森防事例。这些作品从不同的角度，运用不同的体裁，反映了森防人爱岗敬业、无私奉献、勤劳勇敢、积极向上的良好精神风貌，展示了森防行业取得的巨大成就，突出了森防工作在现代林业和生态文明建设中的地位和作用。

为了宣传森防，我们把在“寻找‘最美森林医生’活动”中创作的优秀作品汇编成册，希望通过“森防人与森防事”让社会了解和认识森防工作，提高公众森防意识，积极主动地支持和参与森防工作，为加快林业有害生物防治工作的社会化进程、促进林业有害生物防治工作持续健康发展发挥积极的作用。

由于水平有限，本汇编材料错误和缺点在所难免，敬请指正。

编　者

2015 年 6 月 20 日

目　录

她把情思献给每一片绿叶

——记北京市房山区林果科技服务中心林保站穆希凤

她是一位知识女性，她的论文论著多次获得省市级、国家级大奖，她的实验室有2000多平方公里，参与实验的人多达几十万；有这样一位享受政府特殊津贴的专家，在基层林业站默默工作了28年，走遍了房山的每一处山林；有这样一位母亲，倾情投入挚爱的工作，竟把生育时间推迟到30岁以后；对辖区内的树木树种如数家珍，对有可能发生的林果病虫害熟稔在胸，却记错了儿子的高考时间；有这样一位林保站站长，春夏秋冬在青青的苗圃中奔走，一年四季在山林里穿越，流连在群芳争艳的花海，徜徉在野花飘香的原野，她把青春的汗水与智慧，把女性的柔情，把母亲的慈爱都献给了每一片绿叶。

她就是北京市十三届人大代表，房山区林保站站长穆希凤。

1983年她从北京农业大学毕业后，在房山区林业局从事基层林业技术推广工作。1986年担任站长，她带领大家对全区所有乡镇、办事处有林地进行普查。从拒马河畔到百花山麓，从永定河西岸到蒲洼鱼斗泉，普查面积24565公顷，林木71万株，获取了520多份资料和3000多个基础数据，第一次全面掌握了全区林木的种类、分布地点、面积，绘制出全区及各乡镇林木危险性病虫、检疫对象分布图。

房山的磨盘柿驰名全国，是农民致富的重要渠道，也是许多乡镇的经济支撑。20世纪90年代初，柿蒂虫在房山区突然爆发，17个柿产区受到不同程度危害，虫果率平均58.9%，产量只有正常年份的1/3。穆

虫情调查

希凤忧心如焚，她领衔在全区开展“生物农药防治柿蒂虫技术推广”工作。在张坊大峪沟、周口店拴马桩、青龙湖北四位设立了三个测报点，对柿蒂虫的越冬场所、越冬时间以及第一代成虫盛发期进行为期数十天的观察检测，同时进行不同药剂的防治试验。山坡田垄，印满了他们奔波的足迹；树上树下，倾洒着他们辛勤的汗水。调查中他们发现，柿树初花期后 7 ~8 天是防治柿蒂虫的关键时期。几十天科学细致的观察检测，确定了防治的重点时间、重点地区。在穆希凤建议下，区政府将柿蒂虫防治工作列入政府十项重点工程之一，召开了 8 次防治工作会议和现场会。穆希凤带领林保站的同志们编写印发了《柿蒂虫防治技术问答》等各种技术资料，到田间地头对农民培训指导；在柿子产区全面推广柿蒂虫综合防治技术，虫果率从 62% ~100% 下降到 8% 以下。当年防治 517.776 万株，占柿树总量的 93%，防治株率达到 93%。她的论文《柿蒂虫综合防治技术推广》《生物农药防治柿蒂虫技术推广》获北京市科协“金桥工程”二等奖；《柿蒂虫防治实用技术》纪录片在中央电视台 7 频道的科技苑节目向全国播放。

为了成功举办北京奥运会，中国政府提出了“绿色奥运、科技奥运、人文奥运”的目标。就在全国人民喜迎奥运之际，美国白蛾大面积侵袭北京地区。这种害虫繁殖周期快，蔓延广，危及所有的绿色植物，树叶被吞噬后不再生长，对林木花草危害极大。疫情如军令，穆希凤受命担任房山区防控美国白蛾专家组组长，她带领站里的科技人员，在山区平原，在公路干线，在苗圃林场建立了严密的监测体系；在烈日炙烤的午后，在乍暖还寒的黎明，严密监测美国白蛾的发生规律，研究防治方案；加强对相关人员的技术培训，强化社会宣传，提高全社会的防控意识。科学防治终于抑制了白蛾对房山绿色景观的危害，确保了全区森林、林木资源的安全。奥运期间，房山没有林木病虫灾害发生。五年间，他们防控白蛾推广面积17万多公顷次，经济效益近6000万元。保护了首都生态安全，实现了绿色奥运的承诺。她参与的“北京地区美国白蛾防控关键技术研究与推广”课题，获2009年北京市农业技术推广一等奖。2010年，穆希凤被聘为北京市三农专家，荣获国家林业局“全国森林病虫害防治先进工作者”称号。房山区林保站获“全国森林病虫害防治工作先进单位”和“巾帼文明岗”光荣称号。

28年来，穆希凤的足迹踏遍了龙乡的山林绿野，获得许多宝贵的第一手资料，对可能发生的病虫害以及防治方法熟稔在胸；为保护森林资源、维护生态安全，她不辞辛苦到田间为果树诊断开方。她坚持以科学研究引领林保工作，推广防治新技术；为保护绿色景观，维护生态安全，她主持“房山区天敌昆虫防治技术与推广”等15项科学实验和科研课题，获得12项科技成果，其中9项获省部级科技成果奖，在全国示范推广，为“科技兴农”“科技致富”和新农村建设做出了卓越贡献。她是北京市人大代表，为保护森林资源，为建设生态休闲新区积极建言献策。

穆希凤为林保事业倾洒热情与智慧，功劳卓著，成果丰硕。她是北京市农业实用技术推广项目带头人和科技惠农先进工作者，是房山区首届巾帼十杰之一，曾荣获北京市“三八”红旗奖章；闪光的荣誉后面，是她踏遍每一处山林的坚实脚步，是她融入每一片绿叶的心志与汗水。

栉风沐雨森防路　赤子丹心不老情

——记河北省沽源县森防站崔文

盛夏的沽源，劲野苍翠、林木繁茂，行走在坎坷荆棘的护林小道上，随行的记者不时要停下来休息，而此次采访的主角——沽源县森防站站长，崔文，一位56岁的老森防人，却步履轻盈、足下生风，看不出丝毫的疲惫。

“每年都要走上200多天，习惯了!”老崔笑呵呵地对记者说道。是呀，习惯了，这条路他一走就是35年，从一个蓬勃朝气的青年一路走成鹤发霜鬓的老者，沽源大地这一百多万亩林区铭刻了他坚韧的脚步和跋涉的足迹。风霜雨雪、春华秋实，不变的只有脚下砥砺延伸的小路和老崔那颗永恒执著的心。

“用我一生情，平添一抹绿。”这是老崔的座右铭，也是这位坚守岗位35载森防老兵的真实写照，他用自己全部的热爱与执著，诠释了一代森防人毕生的追求。

“我19岁就干这行了，这么多年已经很有感情了!”老崔幽幽地说。没有豪言壮语、没有慷慨激昂，有的只是朴实无华和默默地坚守，但谁又能说这份已经三十多年并且还将持续下去的坚守不值得肃然起敬呢?老崔已经融入了这片森林，成为一抹景色，就像一只永不疲倦的啄木鸟，忠诚尽职，守卫着林木的健康。

老崔内向，言语不多，不过当谈到森防工作时，他便立刻来了精神，如数家珍，健谈而矍铄。他对记者介绍到：沽源的森林不管是针叶林还是阔叶林，都属于纯林。主要灾害来自虫害、鼠害和病害，而要做

病害调查

好森防，必须要有针对性，掌握本地特有的灾害和发生规律，做到有的放矢。多年来，他带领森防员工走遍全县各个林区，对有害生物进行系统的监测和调查，先后采集昆虫标本 397 种、植物标本 204 种、树种标本 25 种，基本掌握了本地林木害虫的种类、发生规律和危害情况，并摸索出行之有效的防治方法，为做好防治工作提供了重要保障。尤其是今年，他通过野外观察和室内人工饲养，查出严重危害沽源县落叶松的蛀干害虫：落叶松八齿小蠹、泰加大树蜂，为制定防治方案提供了可靠依据，确保了有虫不成灾，为森防事业做出了重要的贡献，有力地保证了林业生产健康发展。

近年来，随着退耕还林、防沙治沙、塞北林场工程项目的实施，新造林面积大幅度增加。未成林地鼠害随之也日趋严重，成为影响林木成活率和保存率的重要制约因素。为了准确掌握鼠害发生情况，他每年都要带领森防人员连续数月进行实地观察，在林区内进行实地调查。4 月，林区的土地尚未解冻，寒风呼啸着吹在脸上；7 月，塞北高原特有的毒辣阳光裹挟着强烈的紫外线无情地射在身上，啃着干粮就着榨菜，老崔靠着对事业的奉献和对理想的追求对抗着常人难以想象的艰苦环境，就是在这样的条件下，他进行了大量的工作，先后查出 5 种鼠兔，基本摸清了它们的种群密度、发生规律、危害程度等重要数据，并进行了详细的分析研究，积累了宝贵的资料和防治经验。

为了做好本职工作，加强专业素养，老崔勤于学习，肯于钻研，与时俱进，他虽然文化不高，也不是专业出身，却硬是凭借超人的毅力，坚持自学，通读了《中国森林昆虫》《中国主要害虫综合防治》《中国森林病害》《昆虫学通论》等书籍，并结合多年的实践经验全面提升了自身的业务素质。先后获得张家口市科技进步一等奖一项、二等奖一项、科技理论成果奖一项；在《河北林业科技》《河北林学院学报》等专业刊物上发表《雪毒蛾的初步研究》《生物防治大有可为》《敌马烟剂防治落叶松叶蜂初步试验》《杨叶甲生活史的观察研究》等多篇论文。多年的积累和严谨的态度使他成为了名副其实的“森林医生”，面对林木危害往往能未雨绸缪、提前布防。

老崔 1978 年就来到沽源县林业局森防站，1988 年担任森防站站长，暑往寒来 30 余载，站里的人员走了一批又一批，换了一茬又一茬，而他始终坚守在一线，扎根在基层。“这已经是我生活的一部分，离不开了!”老崔如是说。他的工作也得到了大家的充分认可，先后被评为“河北省林业厅先进工作者”“河北省林业厅森林病虫害防治先进工作者”“张家口市森防先进工作者”并荣立个人三等功；被沽源县委评为“2011 ~ 2012 年度优秀共产党员”。众多的光环戴在老崔的头上，但他从没有故步自封、骄奢倦怠，始终保持着低调做人、高调做事的心态。这就是老崔，一个嘴边永远挂着浅浅微笑，心中充满绿色期待的森防人的情怀。

为了大地的丰收

——记红枣病虫害防治专家刘光生

他，个头不高，黑黑的皮肤，一双大眼睛透着智慧刚毅，俨然一副山里汉子的形象。

他，30 多年如一日漫游在防治有害生物的迷宫里，去圆我们祖先所企盼的消灭病虫灾祸之梦。

他，就是享受国务院政府特殊津贴的专家、山西省林业功臣、吕梁市森林病虫害防治检疫站站长刘光生。

（一）

刘光生出生在吕梁山区，喝湫水河水长大。对吕梁山的一山一水，一草一木都有着特殊的感情。1980 年他从山西林业学校毕业后，便回到了养育过他的这片土地上。从此，开始了红枣病虫害防治的光辉事业。

枣树病虫害长期以来在吕梁山区黄河沿岸枣区肆虐。枣树生长不同时期，受到食芽象甲、枣步曲、桃小食心虫、枣黏虫、枣裂果病等危害，遍地枣树，几乎绝产。枣乡无枣，枣农守着“摇钱树”受穷。刘光生目睹这一切，心里痛如刀绞。他下决心先搞防治试点，以点带面解决虫灾造成的减产问题。1981 年 3 月，他带着行李住进了临县丛罗峪乡刘家山村。开始，人们不理解他，连饭都派不下去。乡亲们怀着疑惑的眼光，撇撇嘴：“俺们祖辈务弄枣树都不行，一个后生家能顶啥事！”

令刘家山村的村民想不到的是，这个后生真顶了大事。刘光生一面对枣树害虫的生活习性、发生规律进行细致观察，一面进行不同药剂、不同浓度防治试验。不管刮风下雨，不管风吹日晒，他没明没夜地蹲在枣园里。奇迹终于出现了。经他这么折腾，当年枣树就保住了叶子，留住了花，产量由 1980 年的 3.25 万公斤，1981 年上升到 6.25 万公斤，到 1982 年又猛增到 10.1 万公斤，老乡们服气了。他们编了个顺口溜："往年枣芽刚露头，虫虫吃的光溜溜，自从小刘进俺村，防虫增产又增收。"

健康观察

（二）

在参加工作的 30 多年里，由于长期劳累，刘光生体质较弱，因工作数次病倒在工作岗位上。

1984 年夏天，刘光生领着 30 名测报人员巡回全区作病虫调查时，一阵急性腹痛，使他休克过去。人们把他送进了医院，经检查确诊患上了消化道出血并发罕见的"克隆氏病"。可是研究课题怎么办？这一回中断了什么时候才能再拣起来，不能半途而废。刘光生买了几瓶止血药，又悄悄地回到了试验基地。

1985 年春，他又因病被送进了百余公里外的山西医科大学第一医院作肠镜检查，结果肠道内长起了葡萄状肿瘤。临县一位枣农得知他住院后，专程去医院看望他。当人们看到他那副面无血色消瘦的脸庞时，都难过得落下了泪。

1989 年 10 月，在方山县下乡搞农建期间又突然大咯血昏迷休克，第三次被送进医院。

尽管多次受病魔困扰，但只要稍有好转，刘光生便又投身到红枣病虫害防治中。这些年里，他普查了全区 9 种用材树、8 种经济树的主要病虫分布、种类、数量、危害程度。完成森林病虫普查面积 700 万亩，采集标本 500 余种、36900 余件，完成生活史标本 98 种 500 盒，拍摄昆虫、病害彩色和黑白照片 3000 余张，写出科技论文 500 余篇 300 余万字；发现全国稀有昆虫新种 8 个。他亲自在吕梁枣区、核桃产区、果区搞过 20 余个村级科技示范点。1980 年至 1981 年在临县丛罗峪乡刘家山村蹲点，进村时全村红枣总产量 7. 50 万公斤，通过 2 年科技示范工作，产量猛增到 20 万公斤，刘家山村的经验辐射到整个丛罗峪乡，到 1985 年丛罗峪乡的红枣产量翻了一番；1982 年至 1985 年又在在临县林家坪乡蹲点，全乡红枣总产量由 18 万公斤上升到 50. 25 万公斤；1986 年又进入柳林县的前小成村蹲点，该村 1985 年产红枣 8 万公斤，1986 年刘光生建议抓了以防治病虫为主的配套技术推广，当年产量 20. 5 万公斤。

吕梁山红枣连续几年遭受裂果灾害，数以万计的红枣白白烂掉，枣农利益严重受损，刘光生看在眼里疼在心上。从 2001 年开始，他和陈锦屏教授联合进行红枣烘干房试验，3 年间建成 1300 间烘房，年烘干枣 8000 万公斤，解决了烂枣问题，使红枣经济效益增加 1. 60 亿元。此项成果获得山西省科技成果三等奖。2007 年，他开展着手于吕梁冷凉山区红枣矮干低冠栽培试验研究，2010 年他又瞄上了老枣树截干换冠返老还童技术改造项目，探索在枣树面积不增前提下获得产量增长。30 多年来，吕梁市累计防治红枣病虫害面积 1000 多万亩（次），防治效果普遍达到90%以上，为国家减少因病虫危害而损失的木材151.24万立方米，为果农枣农挽回损失的干鲜果品达5000余万公斤。

（三）

刘光生毕业于中等专业学校，所学知识无法满足实际工作需要。为此，他几次下定决心要去继续深造。但是由于工作需要，一直抽不出时间集中学习。他要研究一种通过气温、降雨量来预测“枣步曲”发生量的办法，让枣农提前知道虫害严重不严重、该不该防治？有时进行试验，大量的总结、归纳、分析、运算、整理，需要扎扎实实的基础理论功底。为此，他自学了《昆虫学》《昆虫生态学》《数理统计》《果树栽培学》《土壤学》《树木学》《造林学》《气象学 》等课程。

30多年来，在工作之余，他在国内外科技期刊发表学术论文55篇。出版的专著有《果树八十种病害识别与防治》《12种果树整形与修剪图解》《四十种干果害虫治验法》《枣树丰产技术》《红枣的栽培管理与加工》《吕梁地区主要林木害虫及防治》《枣树核桃主要害虫及防治》等8部。

为了表彰刘光生的功绩，1989年5月共青团山西省委授予他“八十年代山西青年精英”称号；1991年，山西省劳动竞赛委员会给他荣记“三等功”一次；1992年获国务院政府特殊津贴；1993年被评为“山西省十大杰出青年”；1995年山西省人民政府授予他“山西省林业功臣”称号；1998年被山西省委组织部评定为“山西省优秀青年专家”；2000年，国家林业局授予“全国先进森防工作者”称号，2004年国家林业局授予“全国森林病虫害防治工作荣誉奖章”，2007年被选拔为山西省委联系的高级专家。

漫漫人生路　森防伴我行

——记内蒙古自治区突泉县森防站蔡华

蔡华，1988 年毕业于扎兰屯林校森保专业。很幸运，一毕业就被分配到突泉县林业局，从事了所学专业。时间飞逝，一晃 26 年过去了。26 年来，风里来雨里去，林地内不知留下多少次往返的足迹；工作中不知经历了多少酸甜苦辣。但是，她始终坚守着，义无反顾，无怨无悔！

2003 年，太东乡三联村王立春家杨树得了灰斑病，蔡华从诊断、购置杀菌剂到兑药、喷药整个环节一项不落的监督指导，由于防治精心、服务贴心，治理效果明显。500 亩杨树灰斑病得以控制，看到又恢复往日绿葱葱的树木，林农王春林掉下了激动的泪水，紧紧握住蔡华的手说："谢谢——谢谢专家"，他还送蔡华一面锦旗，这面锦旗至今保存在蔡华的办公室。

记得刚参加工作不久，县内实施"五荒拍卖""划山归户"等政策，全县干部群众承包荒山造林积极性空前高涨，但对森林病虫害防治意识淡薄。由于不注重适地适树，导致破腹病、烂皮病盛行；不注重种苗检疫，导致检疫性有害生物时有发生；不注重科学治理，劳民伤财，防治效果不理想……面对这些情况，蔡华积极主动向局长汇报，向各乡镇领导宣传，争取领导重视，争取相关单位支持。有时候领导工作忙，蔡华就上班前或者下班后在他办公室蹲守，一次不行二次，二次不行三次，再加上蔡华对林业户有效治理的典型案例，逐渐地得到县里的支持、得到局里的重视、得到乡镇等相关部门的通力协作。

2004 年，根据工作需要，蔡华到森防站被任命为突泉县森防站第一任站长。刚刚到单位，工作上千头万绪。

蔡华首先从宣传培训抓起。一方面，通过县电视台宣传森林病虫害防治的作用和意义、宣传主要病虫害防治技术，发放技术手册、组织召开防治现场会等，加大宣传力度。在办公室设立 120 防治急救专线。为了方便群众，她利用农闲季节一个村屯一个村屯的讲课。学员文化程度低。蔡华就尽量用普通话，比如讲到“天幕毛虫”时，告诉大家，该幼虫小的时候拉网在幕里，故得名“天幕毛虫”，还告诉大家，他的第二个名字叫“顶针虫”。你看它的越冬卵多像顶针，学员很快记住了天幕毛虫特征；课堂上，不搞一言堂，提前通知大家准备问题，带着林农提出的问题，有针对性的互动讲解，说老百姓的话，讲身边的虫。多年来，分期分批组织群众性森防培训班 100 余次，累计培训近万人。

病害调查

其次，抓防治。在防治上，重点抓二件事，一是推广先进适用技术，二是推动联防联治。2005 年，六户镇红旗村、水泉镇光辉村，杜尔基镇永乐村，发生了检疫性害虫白杨透翅蛾，通过查阅资料得知悬挂白杨透翅蛾性诱剂和剪除虫瘿是防治白杨透翅蛾的绝佳办法。当时单位没有钱，林农又不认可，自己花钱购进“白杨透翅蛾性诱剂”。炎热的夏季把关指导并和林农一起在林中悬挂性诱剂、寒冷的冬季她与林农共同剪掉虫瘿集中烧毁，既是指挥员又是战斗员。就这样寒来暑往，历经三年，白杨透翅蛾得到彻底根治。

落叶松林是老头山自然保护区的主要人工造林树种，是突泉县抵御风沙灾害的第一道防线，在北疆绿色屏障上发挥着重要作用。2007 年 5 月末，落叶松林遭到落叶松毛虫的危害，虫口密度达到 100 余条，眼看着树叶渐渐被吃光，情况十分紧急。蔡华毫不犹豫地拿起几件简单的生活备品，赶到虫情最严重的地段。经过认真调查，毅然否定了药剂喷洒的传统治虫方案，提出了“人工捆绑毒绳、打隔离带与放烟雾剂”三结合的办法，并亲自调整、配置用药比例、设计隔离带宽度、选准放烟时间。在防治现场，顶着浓烈的烟雾，穿梭在松林当中，在下山时不慎将右脚扭伤，但她没有离开战场，继续指导防治，经过 10 多天战斗，害虫死亡率达 90% 以上，落叶松绿色屏障保住了。当拖着疲惫的身子回到家时，才想起，儿子已经高考结束，想想这些年来，这个做妈妈亏欠孩子的、亏欠这个家的太多了……

防治上经常遇到这样的问题，一片林地涉及好几户，一样的病虫害分布到好几个乡镇和部门，零打碎敲的防治解决不了问题。以县政府办公室名义下发文件要求限期联防联治，文件下去了，有的乡镇却迟迟不动，她就带着文件，1 次 2 次的追，个别乡镇领导不理解不配合，记得有一次一个分管林业的副乡长说了一句：“不用你管了，出现问题我自己负责。”被下了逐客令，蔡华的心里很不是滋味，考虑到林木健康、考虑到群众利益，考虑到自己的工作职责，又在第二天笑脸找到这位领导，一次又一次的沟通，终于得到了各乡镇的理解和配合，联防联治的机制得以建立，防灾减灾的效果得到保证。

再次，抓检疫。在检疫工作中，经常有领导说情的，也有货主不理解阻挠执法的，因此，依法检疫、规范执法、程序合法、耐心说服、大力宣传就显得尤为重要。记得一次，苗木经纪人马某从外省给农业开发区调入 1.9 万株杨大苗，经过复检发现部分杨苗具有潜伏性杨树烂皮病，下达了除害处理通知单，要求该批带病苗木禁止使用，健康苗木做杀菌处理后造林。通知刚下，就接到威胁电话："谁说我的苗木有病了，告诉你蔡华，我的苗子可是4.5元一株买的！不让造林，你赔我全部损失。"语气生硬，甚至要报复蔡华，面对威胁，蔡华没有退缩，找到这位苗木经纪人心平气和的把《森林病虫害防治条例》《植物检疫条例》相关条款及把带病苗木造林的后果讲给他听，最终，得到了苗木经纪人的理解。

多年的付出，换回的是上级领导的关心和支持、是乡村百姓无限的尊重和信任、是林农的声声祝福。这是蔡华做好本职工作的不竭动力。蔡华愿秉承"事为民所思，业为民所创"的理念，以提升林业有害生物治理能力为目标，继续发扬啄木鸟精神，为林业健康发展而不懈努力！

努力工作　倾心为农

——记吉林省吉林市森林病虫防治检疫站方海涛

方海涛同志于1995年毕业于吉林林学院，2009年调至吉林市森林病虫防治检疫站任副站长。担任副站长工作期间，具体分管站里的检疫执法、宣传和党务工作。在配合站长完成全面工作的同时，重点完成了人工捕杀花布灯蛾和人工捕捉栗山天牛工作。在狠抓检疫执法力度，突出工作重点的同时，注重提高自己的业务素质和能力水平，确保了工作质量。自己也本着“对党负责、对人民群众负责、对自己的良心负责、努力为基层服好务”这个信条，不断陶冶自己的思想情操，端正自己的工作态度，校正自己的工作方法，履行好自己的工作职责。

多年来的工作历程，使他积累了丰富的工作经验。一年中有半年时间在林区，他的足迹遍布吉林地区的山山水水，他经常深入林农，现场查看虫情，指导防治，把林业科技送到林间地头，送到千家万户，送到林农的心坎上。为消除林农的顾虑，方海涛编撰了《吉林地区常见病虫害防治手册》技术资料，印成宣传小册子分发给林农。同时积极走村串户，现场指导。几年来，他先后组织各县市区森防业务骨干在全市举办林木病虫害防治技术培训班27次，培训基层林业技术骨干和农民1520多人次。

2008年，妻子因患脑癌永远地离开了他和在上初中的孩子。对森防工作的执著，使他没有时间照顾家里的孩子，每次下乡回到家里看到的，都是孩子一个人从饭店买的盒饭或者在吃着没有泡开的方便面，不禁让他倍感内疚。2013年6月，为查看全地区病虫害防治效果，为下一

查看虫情

步工作提供科学依据，他和单位同志在下面足足跑了一周。等他回到家里时，孩子已经中考结束了。面对着孩子责备的眼神，他的心里愧疚无比。孩子也因长期的孤单和缺少父亲的关心没有考上好学校。

2009年，按照省政府的要求，吉林市全面推行了集体林权制度改革，这是继土地联产承包责任制后我国“农村的第二次革命”，是实现“让经营者有其山，植树者受其益，务林者得其利”，进而实现加快生态建设的历史选择。林权到户的农民在喜悦的同时，面对日益严重的落叶松病害、杨树烂皮病及杨干象等林木病虫害束手无策，眼睁睁地看着分到手的林木一天天衰退甚至死亡，方海涛看在眼里，急在心上。一次，龙潭区的农民李树山拿着被病害危害的杨树叶来到站里，焦急地询问他树得了啥病，能不能治好。看到李树山满脸的焦虑，方海涛马上放下手中的工作，认真地帮着查看发病的树叶，最后确诊为杨锈病，并给李树山开出了防治药方。三天后方海涛接到了李树山打来的电话，声音不是焦急，而是喜悦。他告诉方海涛，按照他给的防治药方，杨树病症明显减轻而且渐渐好转。听到这个消息，方海涛笑了。他深情地对站里的同志说：帮助农民防治病虫害，不单单是个业务问题，更重要的是关系到党在农村政策的有效落实，关系到民生，是个政治问题，我们还要沉下去。带着这种信念，他多次下乡到户，为林农指导讲解，并为困难林农免费提供防治药物，每年为林农挽回经济损失 300 万元以上。

努力工作的付出，换来了丰硕的回报。市站多年来在全省林业有害生物防治目标管理考核中位居排头，方海涛同志连续多年被吉林市林业局评为优秀领导干部、先进个人、优秀共产党员；年终考核多次被评为优秀；吉林省“十一五”林业有害生物防治先进个人；吉林市“十一五”林业有害生物防治先进个人，“十二五”林业有害生物防治目标管理考核专家库成员；2014 年获得全国“最美森林医生”荣誉称号。

爱岗敬业　无私奉献
书写林业有害生物防治新篇章

——记吉林省长白县森林病虫防治检疫站徐书英

在茫茫大森林中，有这样一群人，他们以林海为战场，以保护生态为己任，就像林中的啄木鸟一样，被人们称为“森林医生”。徐书英就是这群人中普通的一员，更是这群人中优秀的代表。

徐书英，中共党员，高级工程师，1990 年毕业于吉林林学院，毕业后先在母树林林场工作，1991 年调到林业局营林科，2007 年被任命为县森林病虫害防治检疫站站长。任森防站站长的 7 年里，她始终以消灭病虫鼠害，保护森林为己任，认真贯彻执行《森林法》《森林病虫害防治条例》《植物检疫条例》等森林病虫害防治的法律法规，努力学习钻研业务知识，经常深入到病虫害防治第一线，亲自检查指导防治检疫工作，掌握第一手资料。哪里有病虫害，哪里就有她的身影。哪怕出现一点点情况，她都要亲临现场了解情况，解决问题。工作中，她积极主动，不怕苦不怕累，走遍了长白县的沟沟岔岔，不仅为上级提供了大量翔实可靠的测报基础数据，还由于测报准确、防治及时、严格检疫，使森林资源避免了因林业有害生物危害造成的严重损失。

7 年来，全县林业有害生物防治面积累计 33625 公顷，无公害防治率达到 95%，测报准确率达到 90%，种苗产地检疫率达到 100%，成灾率为 0。

工作中，她十分重视宣传工作，她认为要做好林业有害生物防治工作，不能只依靠林业有害生物防治工作者，更需要全社会的力量，只有

苗木检疫

大家都重视起来了，人人成为虫情报告员，林业有害生物防治工作就好做了，就容易多了。每年都组织开展形式多样的宣传活动，充分利用电视、报纸、网站等新闻媒体对林业有害生物防治工作进行广泛的宣传。即使在开展业务工作时也不忘宣传，时常将宣传工作做到田间地头，宣传工作搞得有声有色，收效显著。每年在长白电视台都要做3～5期新闻，并在中国森防信息网、吉林省林业厅网站、吉林森防信息网、长白山日报等媒体上发表20多篇工作信息。宣传工作的有效开展，进一步提高了社会各界对林业有害生物防治工作的重视程度，她也因此被评为2010～2011年度全国森防宣传工作先进个人。

为不断提高基层森保员和护林员的业务能力，她积极举办各种培训班，邀请省市专家教授讲课，自己也经常采取理论联系实际的方式授课，印制各种教材，经常把培训班办到防治和监测现场，使学员们比较直接地学习到了防治、监测知识，大大提高了基层森防员的业务水平。她还在全省率先实现了乡镇级的网上数据传输，使测报数据做到了及时、准确、快捷。2010年，她被国家森防总站授予村级森防员培训工作先进个人。

在防治工作中，她善于引进先进的防治技术。2007年以来，长白县实施了“云杉八齿小蠹综合治理工程”，在治理工作中，主要采用了聚集信息素诱捕的生物防治方法，7 年来共悬挂诱捕器 3430 套，成功地降低了云杉八齿小蠹对天然云冷杉林的危害，危害面积从 2007 年的 540 公顷降低到 2014 年的 280 公顷，而且危害程度从中度发生降至现在的轻度发生。在落叶松毛虫防治工作中，在幼虫期采取的是化学防治方法，在卵期采用的是放赤眼蜂卡进行生物防治的方法。利用赤眼蜂寄生到落叶松毛虫卵上，降低落叶松毛虫卵的孵化率，以降低落叶松毛虫的虫口密度，达到防治效果，7 年来，全县共挂赤眼蜂卡 33 万张，有效地降低了落叶松毛虫的虫口密度，减少了落叶松毛虫对全县森林资源的危害。2011 年，长白县在全省率先发现了落叶松毛虫的危害，及时上报省森防总站，并利用森得保粉剂和可湿性粉剂进行了防治，但是，这两种防治方法只适用于幼龄林和未成林造林地，对树龄较大的林分，喷药的高度有限，防治效果不理想，防治器械成为了一个难题。2012 年春季，她在全省率先引进了深圳隆瑞公司生产的热力烟雾机，对落叶松毛虫防治进行了试验，防治效果非常好，解决了因喷药高度不够带来的难题，由于她试验的成功，致使热力烟雾机在全省林业有害生物防治工作中进行了推广，大大提高了防治效率和防治效果，长白县的落叶松毛虫防治工作也成了全省地面防治的典范，在 2012 年全省落叶松毛虫防治总结会上，长白县林业局被评为落叶松毛虫防治工作先进单位，并做典型发言，她个人也被评为落叶松毛虫防治先进工作者。

为使长白县的林业有害生物防治工作逐渐步入规范化、科学化轨道，2011 年，她在全省率先组建了一支 30 人的防治专业队，防治专业队队员由国有林场职工组成，并经过防治技术专业培训。从药械的使用、维修到个人的防护都力求做到规范化，并对集体、个人的防治工作实行有偿服务，避免了因一些防治主体缺少防治基本知识而造成防治效果不佳或遭受药害现象的发生。经过 4 年的工作实践，这支防治专业队已经成为全县林业有害生物防治工作的主力军，并正在向专业化方向发展。

在林业战线工作的二十几年里，无论从事什么工作，担任什么职务，她都能严格按照共产党员的标准要求自己，对工作勤勤恳恳，任劳任怨，爱岗敬业、无私奉献，用她的实际行动影响了周围一大批同志。由于工作成绩突出，她曾多次荣获县优秀共产党员、“三八”红旗手、全县十大“三八红旗标兵”、全县“十佳”优秀女性、吉林省“十一五”期间林业有害生物防治工作先进工作者等荣誉称号，2013 年获得全国绿化奖章。面对诸多荣誉，她并没有因此而自满，而是把创造更加辉煌的成绩当做新的目标、工作的动力，全身心地投入到工作中去。

徐书英，一名普通的基层防治检疫站站长，在全省森防战线上，凭借她对森防事业的热爱、扎实肯干的工作作风、吃苦耐劳的工作精神，已经成为了一名很有实力的县级站长，在每年的业务评比中都是优秀，也因此得到了省市县领导的高度评价，为保护森林资源做出了突出贡献，是长白林海中一名忠诚的森林卫士。

“留鸟”沈幼莲

——记浙江省慈溪市森林病虫防治检疫站教授级高级工程师沈幼莲

留鸟，生于斯，长于斯，对栖息地有着天然的深厚感情，对入侵者有着天然的高度警觉。

慈溪市森林病虫防治检疫站站长沈幼莲教授级高级工程师就是这样的“留鸟”。她 1986 年从浙江林学院毕业后回到家乡工作，近三十年间，以慈溪人特有的开放、进取、务实、低调的工作作风，为阻截外来有害生物入侵与危害，保护慈溪市林业生产、生态和林产品贸易安全奉献了自己的青春和汗水，多次荣获“浙江省植物检疫先进工作者”“浙江省松材线虫病除治和预防工作先进个人”等荣誉称号，2014 年又被评选为“全国最美森林医生”。在她的带领下，慈溪市森防站多次获得“浙江省植物检疫先进集体”“宁波市松材线虫病防控工作先进集体”、宁波市“绿盾护林”先进集体等荣誉称号。

慈溪市地处杭州湾南翼、宁波北部，“七田一水二分山”。慈溪人凭着勤劳、艰苦和敢于弄潮争先的传统精神，在改革开放的几十年里打造了领先全国的经济强市。而大量频繁的经济、社会活动也带来了外来物种持续不断的入侵，给当地生态环境造成了严重威胁。对土生土长的沈幼莲来说，从自幼认识的水花生、水葫芦，到工作后接触的外来入侵林业有害生物，她深刻认识到生物入侵的危害和防患于未然的重要性。为此，她十分注重林业有害生物的基础调查、动态观察和监测预警等工作。

2003～2005 年林业有害生物普查时，沈幼莲提出了将外来林业有害生物入侵情况作为重点，对检疫性、危险性、有害性生物予以全覆盖普查。这次普查中，她带领同事共计采集标本1.2万号，整理制作标本4000多号，经专家鉴定的昆虫种类覆盖13目、123科，已定名的有700种；比1980年森林病虫害普查昆虫名录从数量上多了4目、34科、359种。并在此普查成果基础上编制了《慈溪市林业有害生物普查报告》《慈溪市林业有害生物昆虫名录》《慈溪市林业危险性生物风险评估》等，较为全面地摸清了慈溪市林业外来有害生物及本土森林病虫的种类、分布及危害情况，建立和完善了林业有害生物数据库。

作为测报负责人，沈幼莲担负起由全市25个疫情监测点构成的市、镇(街道)、村三级测报网络的建设和管理工作。她建立起以市级技术人员为骨干、镇(街道)林技员为中间力量、村级测报员为责任落实主体的监测体系，对全市疫情监测实行网格化管理，基本做到了每个林班有人定期监测调查。同时，她所在的森防站每年组织召开全市监测会议，对监测人员进行技术培训；每年开展两次的山地、沿海防护林、绿化通道、经济林等病虫监测与调查，通过监测病虫情发生发展动态，为及时发现疫情、科学防治提供了技术基础。

虫情调查

1997年沈幼莲首先发现了一枝黄花的疫情，并及时上报市、省等上级有关部门，为开展大规模防治起到了积极作用；近年来又对红火蚁、扶桑绵粉蚧等外来有害生物开展专题调查监测，2011年在监测调查中发现扶桑绵粉蚧，由于发现及时，处置得当，避免了疫情扩散蔓延。

慈溪南部的二分山计25万亩山地是慈溪人赖以生存的生态屏障和生存之源，对百万慈溪人来说弥足珍贵；由于山地分布着大量松林，一旦被号称“松树癌症”的松材线虫病侵染，整片松林将岌岌可危。因此，防治松材线虫病成了当地森防工作者最艰巨的工作任务和考验。负此重任，沈幼莲与同事一道，爬山头，钻荆棘，日晒雨淋，披星戴月，几乎走遍了全市十多万亩松林的每一个角落。她负责组织全市有关乡镇街道开展了松材线虫病综合治理工作。在对松材线虫病疫情监测上，十几年来先后开展了形式多样的技术培训共计50余次，累计受训人员达3500余人次；同时实行机制创新，组建工程专业队进行病源清理，实行质量监理员跟班制，严格实施统一标准和质量监督；经过长年摸索，整合了一套适合本地松材线虫病发生实际，标本兼治、防治效果与环境保护并重的技术措施，在慈溪市的松材线虫病防治中发挥了较大的作用。近6年来，她带领当地森防技术人员在具有重要生态和经济价值的风景区、水库库区等区域，实行松林注射免疫，达125万株；同时，大力推广生物防治技术，喷BT粉剂23吨，喷雾1吨，累计防治面积达6.5万亩；对施放天敌昆虫防治松材线虫病进行了有效探索，承担了国家级公益项目花绒寄甲生物防治松材线虫病的试验任务，全市累计施放肿腿蜂450万头、花绒寄甲160万头。加大流通领域松木及松木制品的检疫监管力度，累计查处违章案件10起。全市松材线虫病发生面积、病死数量已连续6年实现“双下降”，病死松树从高峰期的8600余吨下降到目前的2200吨，为森林慈溪建设做出了应有的贡献。

2011年，她进一步转变防治思维，主持完成了《慈溪市重点松林保护区规划》(2011～2015年)的编制和评审工作。根据慈溪市松林分布现状和功能定位，分别规划了城区、上林湖、鸣鹤风景区、伏龙山、金夹岙水库5个重点松林保护区，以森林抚育健康经营为手段，通过改善林分结构，提高林分质量，从而提高重点区域松林抵御病虫害等自然灾害的能力。重点松林保护区建设注重松林保存率和松林林相调整目标的实现，松材线虫病可持续防治的理念得到进一步的贯彻落实，实施 3 年，区域内松林保存率和林分质量有了较大提高，重点保护区建设初见成效。

低调、内秀、埋头实干，在沈幼莲身上，可以充分看到森防人的优秀品德。她始终坚持以服务三农为己任，以公民应有的行为规范为目标，正确处理工作、学习、生活三者之间的关系，积极不断地“充电”是沈幼莲关注专业前沿和自身素养的基本理念，而不断探索科技进步是她提升工作成效的源泉。她先后承担了省、市科研项目 12 项，获省科技兴林奖 2 项，宁波市实用技术科技进步奖 1 项，慈溪市科技进步二等奖 1 项，发明专利 2 项，在国家级或省级杂志上发表论文 23 篇。这些项目涉及蔗扁蛾检疫与生物防治、濒危古松抗松材线虫病救护、一枝黄花综合治理和利用、杨梅虫害综合防治、杨梅果蝇化学信息素防治、柑橘小实蝇防控、花绒寄甲繁育与控制松材线虫病等，其中杨梅果蝇化学信息素防治应用技术的开发项目为省科技厅重大科技专项重点项目。

“橘小实蝇”是水果杀手，对多种经济林水果构成巨大威胁。作为宁波市橘小实蝇的首个发现者，她在防控实践中，恪守保护人类健康的宗旨，始终坚持“绿色环保”的植保理念，在应用化学信息素进行疫情监测预警中，她借鉴美国加州大学应用化学信息素防治地中海实蝇的成功案例，经过反复比较、层层筛选，终于发现了一种具有良好效果的橘小实蝇引诱物，创新性地在该市推广了“化学信息素群集诱杀技术”，指导广大果农借此进行果树无害化防治。得益于这一生物技术的成功应用，大幅度减少了化学用药，“橘小实蝇”虫口密度大大下降，落果率由 30% 至几乎无落果，提高了果品的品质，受到橘农一致好评，为打造该市绿色水果品牌，保护该市柑橘产业做出了贡献。

做好本职工作之外，沈幼莲作为慈溪市政协委员，还积极投身各种社会活动，如组织森防科普宣传及送科技下乡，参加统一战线“专家支农服务团”情系新农村活动，帮助群众解决生产中的实际问题等，常常忙得脚不沾地。有人问：“你这样辛苦的工作到底图什么?”她笑笑回答：“我是慈溪人，为了我们共同的美丽家园，我愿意多吃点苦。”

奔走在山林中的人

——记浙江省桐庐县林业局高级工程师张敏正

“这种在树干或大枝上水渍状的病斑，会有墨汁一样的树液流出，到后期会形成溃疡，等到病斑环绕一周，这棵山核桃树以上部分就枯死了。”眼下正是山核桃干腐病的始发阶段，和往年一样，桐庐县林业局高级工程师张敏正奔走在瑶琳、合村、百江、分水等地的山核桃林间，查看树木的生长情况，详细为林农讲解病症和防治方法。

深入林地 绘彩色山核桃林

“近年来，山核桃病虫多发是由于大面积纯林出现的生态失调，长期滥用化肥、农药和除草剂造成的，最根本和有效的措施就是生态化经营……”张敏正一边查看山核桃树干，一边对合村乡岭源村半岭坞的山核桃经营户开展现场培训。

“由于病虫害和落果，2012 年我们村山核桃产量很不稳定，当年至少减产一半，这两年多亏了张高工。”岭源山核桃合作社负责人翁立杜如此介绍。自从张敏正了解到这个情况后，多次到村里调查指导，在生态化经营示范基地上给经营户培训，实地指导村民们科学培育管理山核桃，“现在大家对发展山核桃更加有信心”。

正是因为奔走在山林间所积累的关于山核桃花蕾蛆、干腐病等病虫的调查和研究，并通过其所在森防站同事的共同防治试验，2012 年他主持开展了中央财政林业科技推广示范资金项目“山核桃生态高效栽培集成技术推广示范”，在全县山核桃产区示范推广矮化早实、生态高效栽培、病虫防治等关键技术，帮助山核桃经营户解决了山核桃产业发展中存在地力与林分质量下降、采摘生产不安全、山核桃病虫害发生日趋严重等问题。

经过近两年细心栽培的瑶琳镇舒家村生态化经营示范基地里的山核桃林就非常出彩。金灿灿、黄澄澄的油菜花为其做伴，还有株株翠绿的油茶、片片艳红的南天竺点缀其中。

不仅提高了山核桃树的质量和产量，改善了山核桃林的土壤肥力，还依托山核桃树遮蔽强光的作用，增加了油茶的产量。而当下油菜花开的时节，这满坡的山花还吸引了大批游客前来赏玩，既为林农带来了额外收益，又推动了该地农村经济的发展。

"因为张工对山核桃发展的关心和支持，百江镇翰坂村还送来一面写有'心系百姓 服务林农'的鲜红锦旗呐。"一旁的同事接过话。

奔走山头　防控松材线虫病

松材线虫病是松树的一种毁灭性病害，俗称"松树的癌症"，具有传播快、防治难、危害大等特点。桐庐县松林面积 40.3 万亩，占有林地的 23.56%，占全县森林总蓄积量的 43.3%。自 1995 开始，与桐庐县相邻的富阳市、诸暨市、临安市等地相继发生疫情后，张敏正所在的森防站松材线虫病防控压力巨大。

松材线虫病可通过松褐天牛补充营养的伤口进入木质部，寄生在树脂道中大量繁殖，最终遍及全株，导致松树死亡。而一只松褐天牛就可携带成千上万条线虫，只要有一只携带了该虫的松褐天牛进入桐庐县，就极易发生大面积疫情。

作为一个曾任站长 15 年，在这个岗位上工作了 32 年的"林业人"，张敏正主动承担起了全县松材线虫病的防控工作。一方面他要整日整日地奔波在山上调查取样、防治规划和质量检查，另一方面还要耐心细致地做群众的思想工作，告诉他们松材线虫病的危害，不要私自处理患病枯死松木，工作辛苦又难出成果，但他从不抱怨，也不喊累，还总是状若轻松地说，“这么多年工作下来，都习惯了。”

因为需要经常上山取样，张敏正的足迹遍布全县各个山头。别看他满头白发、身材瘦削，可爬起山来，站里的年轻人都比不上，走在最前面的总是他。“有时为了调查取样，不要说山高林密，就是荆棘草窟，也要往里闯，衣服划破都不算什么事，身上还经常被刺拉扯得血迹斑斑。”张敏正笑着说现在天气还算好，爬遍整个山头，也只是满脸灰尘，要是三伏酷暑天或者寒冬腊月日才困难，不是被蚊虫叮咬得满身起泡就是负重举步维艰，一个山头跑下来，喉咙处都是干苦的滋味。

除了调查取样，深入到重点松林区域的山头地块进行指导和督查也是张敏正的日常工作之一。发现感染的松树，他第一时间就会联系防治专业队，协助他们清理和除治枯死松树。不仅如此，责任感极强的他还会定期重访发现疫情的林区，确保不遗留一块松林，不遗留一株枯死松树。

努力了这么多年，做了大量工作，辛辛苦苦防控 18 年，2012 年松材线虫病还是无情地侵入到了桐庐。2014 年 2 月 12 日，国家林业局公告(2014 年第 2 号)正式将桐庐划为松材线虫病疫区。张敏正与同事们直视已经发生的事实，及时梳理检查之前的工作，面对新的形势，认真调研规划，制定一系列措施。认为松材线虫病防控虽然是世界难题，彻底除治有一定难度，但只要把接下来的工作做好，还是有信心控制其扩散蔓延的。

情倾林区　用真心服务林农

林业病虫种类繁多，原因复杂，面对生产中出现的问题和林农的求教，张敏正不敢有丝毫懈怠，不仅订阅购买大量与林业相关的杂志、书籍，仔细阅读学习，还从网络上了解最新的林业知识与信息，同时还利用一切机会向有关专家和林农学习。“每次请林业专家来讲课，结束后张工都会和他们聊很久，向他们请教相关防治知识。”一些同事们受他影响也跟着一起学习。

只有不断学习，汲取新的知识，才能精通业务，保持工作热情，并在为林农服务中获得心灵的满足。为此，他不仅要求自身加强学习，鼓励青年同事继续学习，还总是利用各种渠道，为林农提供学习机会。每年他都要为广大林农举办形式多样的培训班 10 期以上，近期安排的培训主要是关于推广无公害防治理念和技术，他觉得当下这个主题对林农增效最有实用价值。正是因为这样的用心，他所在的森防站获得了全国村级森防员培训先进集体。

现场防治培训

他还结合桐庐实际，先后编写了 10 多种培训教材，30 多份多媒体培训资料，并集 30 多年工作经验，制作了《林业有害生物防治知识》光盘，收录了林业病虫知识、桐庐常见病虫识别与防治、农药的使用及无公害防治策略等，图文并茂又内容翔实地供林农学习，基本可以帮助他们解决桐庐县林业病虫方面的问题。

同时，作为一个奋斗在森林病虫防治、检疫工作第一线的党员，张敏正认为跑山头奔林区，直接和林农进行交流，真正了解林农的需求，才能提高效能和为林农服务的质量，也更能提升自身业务水平和工作作风。为此，他利用参与板栗病虫害综合控制技术推广应用、省森林健康经营关键技术研究与示范、山核桃生态高效栽培集成技术推广示范等多项中央财政和省科技厅项目的机会，一方面为林农解决实际碰到的困难，另一方面也通过解决困难温习、加强、完善自身的知识体系。

正是在他和同事们的努力下，能及时将病虫害信息和最新的防治技术送到林农手里，保护了桐庐县的森林生态安全，促进桐庐林业增效、林农增收。

（作者：桐庐县信息传媒中心记者　何好）

默默守护三门林业 30 年

——记浙江省三门县林业有害生物防治检疫站何才宝

在三门的深山密林，你经常会看到一个人在调查森林病虫害；在三门县林业有害生物防治检疫站，你会看见一个人经常挑灯夜战。他就是三门县林业有害生物防治检疫站站长何才宝。

何才宝自 1984 年从浙江林业学校毕业到三门林业系统工作，30 年来，一心扑在林业事业上，脚踏实地，任劳任怨，加班加点，无私奉献，刻苦研究，辛勤工作，为三门林业的发展做出了应有的贡献，被国家林业局授予“全国森林病虫害防治工作先进个人”等荣誉称号，多次被评为省、市、县林业先进工作者，2014 年 6 月，他荣获全国“最美森林医生”荣誉称号。

甘于吃苦的森林医生

三门县是“七山二水一分田”的沿海山区县，林业用地 100 多万亩，森林覆盖率达 56.6%，森防检疫任务十分艰巨。何才宝到三门县林业系统主持森防工作后，这 100 多万亩林业用地就是他的“责任田”，他深感责任重大，但他尽心尽责，辛勤耕耘，结出了丰硕的果实。

三门县森林植被茂密，有 53.8% 是松林，而松材线虫病是松树的“恶魔”，一旦传染发病，就会导致成片松林死亡，且无药可医，被称为松树的“癌症”“艾滋病”，做好森防特别是松材线虫病的防控工作对林业生态发展十分重要。

在 20 世纪 90 年代末，三门县的周边县市发生了松材线虫病，对三门县的松林构成了严重威胁。于是，何才宝研究制订了松材线虫病防控方案和措施，建立了县乡村三级监测体系。从 1998 年开始，三门县全面打响了松材线虫病防控战役，开展以国家级森林病虫害中心测报点和松材线虫病预防工程治理项目为载体的松材线虫病防控工作。“我们运用技术、法律和行政手段，开展‘外拒内查’，外拒就是严防外来疫木流入本县；内查即是在全县范围调查监测松林是否发病，并排查各种相关的隐患。”何才宝说。

调查病虫害

同时，何才宝日夜研究松材线虫病防控技术，在他的办公室后面的房间内，陈列着满满 3 柜子业务书籍。为了研究松材线虫病防控技术，经常翻阅查找资料至深夜。2001 年，何才宝撰写的《三门县生态公益林建设中松材线虫病的防范》调研文章在《浙江林业科技》发表，对各地防控工作起到很好的借鉴作用。为了进一步提高业务水平，2007 年，他又读取了中国林科院研究生院森林保护专业硕士学位。多年来，何才宝一直坚持“预防为主、综合治理”的方针，有效遏制了松材线虫病蔓延的势头，也终于使马尾松毛虫、黄脊竹蝗等猖獗多年的森林病虫害得到根本控制，保护了三门森林生态资源。

务实严谨的森防战士

2004年，根据省林业厅的统一部署开展林业有害生物普查工作，因为普查工作很艰苦，其他很多县市都将普查任务承包给了林学院等单位，而何才宝却主动承担了三门县林业有害生物的普查任务。

为查清全县林业有害生物现状，何才宝和同事戴斐琦等一起，早上5时就出门，开着三轮摩托车，深入林区，披荆斩棘，穿过一道道无人行走的崎岖山路，调查采集标本，直到深夜才回家，因为晚上才是诱捕趋光性昆虫的大好时机。附近老百姓看到后，骂他们是“鬼不像鬼，人不像人”。

“穿梭林区的艰辛与危险是常人无法想象的：深山里到处是毒蛇和毒气，为灯诱昆虫，必须熬夜苦守在诱捕灯旁。”戴斐琦说，无人踩踏的山路崎岖泥泞，每天驮着几十公斤重发电机、诱虫灯等，还经常要推着三轮摩托车跨越障碍；何才宝在狭窄的山路上开三轮摩托车时，手臂常被两旁的茅草割得伤痕累累，大热天里也不得不在手臂上裹上厚厚的毛巾。有一次，他们到湫水山普查，山上的道路被比人还高的茅草覆盖了，何才宝开着三轮摩托从草丛下面穿过，由于看不到路面，结果摩托车的一个轮子滑出路基，差点掉下几百米深陡峭的山谷。他说：“现在想起来都心有余悸。”可是，不管有多少危险，他还是义无反顾地做好工作。

除了与危险搏命，何才宝还要不停地与时间赛跑。“采集的昆虫，必须当天做成标本。”何才宝说，普查期间，一天只能睡5个小时。实验室里3000多个栩栩如生的昆虫标本就是这么赶制出来的。

在同事眼中，何才宝就是工作狂人，每年有200多个夜晚在加班，曾有8个春节包揽了三门县林业特产局春节的夜间值班，期间的日日夜夜都在办公室度过。

春节值班是否就只是喝喝茶而已？其实并非如此，就2004年那个春节来说，何才宝在办公室撰写了几百页的《三门县林业有害生物普查材料汇编》。其实，这本资料汇编记录的是他和同事2003年至2005年昼出夜归的工作成果，他历时两年多，足迹已遍布全县大小林区，基本查清全县林业有害生物现状，新发现三门县未记录的森林昆虫14科、334种。该成果得到省林业有害生物防治检疫局的高度肯定，被评为省林业有害生物普查以奖代补二等奖。

乐于服务的林农帮手

"杨书记，村里竹林的虫害情况如何？如果没有好转，我再去看看，再进行防治。"休息的空当，何才宝拨通了横渡镇长林村党支部书记杨志远的电话，他放心不下该村前不久发现虫害的那些竹林，因为他深知毛竹对于该村村民的重要性。

"森防检疫站人手紧张，森防、诊断等工作都要何才宝亲自做。"有时候，为了既不耽误白天出门工作，又不影响松材线虫样本的有效检验，他经常在凌晨两三点钟就到实验室，在天亮前把样木检验完毕。三门县林业特产局局长缪世钿说。7月23日，一位村民曾向缪世钿反映，村里的古树生病了，希望局里赶紧派人来治疗。于是，何才宝立即直奔现场，给古树作诊断治疗去了，最终将病树治好了。"林业部门也是服务部门，群众有需求，我们自然是要做好服务的。"何才宝笑言，他是给老百姓跑腿的，每年数十次，他都要到田头地块、涉木企业、林业苗圃等地方，给林农送技术、送药剂。为此，他的药剂库房里堆放着各式各样的农药。

采访中，笔者了解到，2005年前，何才宝一直兼管办证业务，为涉木企业、个人办理木材运输证和植物检疫证，而这项业务，他一做就是10多年。考虑到群众到县城办事不易，他给自己制定了常年无休假日的制度。

说起何才宝，三门县林业特产局副局长郑从都就夸个不停，"老何这个人，对自己的工作要求很高，只要把任务交给他，他绝对能做好。"郑从都告诉笔者，其实不用安排任务，老何也会自我加压做好工作。群众一个电话，或者他自己获悉一个消息，他就会奔赴现场，哪怕那个时候他正在休息。

原来，何才宝一直有头疼病，疼得厉害时，躺在床上一天都起不来，头顶着床板，连坐起来吃饭都忍不住。因为长期过度劳累，头疼越来越频繁，每个月会痛上好几次。有一天晚上，头疼欲裂的他躺在家中休息，起不来，一天没吃饭，可一个村民打来电话要办证，何才宝强忍着疼痛从床上挣扎起来就出门了。这样的事例很多，只要群众有需要，哪怕病得最重，他都会坚持为群众服务。

周到尽心的服务，为森防检疫站赢得了良好的社会声誉，也为何才宝竖起了好口碑，但回忆起 30 年来的点点滴滴，何才宝一笑而过，还引用了墨子的一句话：“少尝苦曰苦，多尝苦曰甘。”

天目山下的绿色卫士

——记浙江省临安市森防检疫站教授级高级工程师胡国良

在层峦叠翠的林间、百鸟啁啾的天籁下，有一群以林海为战场、护生态为己任的“森林医生”，胡国良就是这群人中普通的一员，更是这群人中优秀的代表。

55岁的胡国良，现为临安市森防检疫站教授级高级工程师，1981年浙江林校毕业分配到临安市林业局工作。在这30多年的时间里，他潜心钻研森林病虫害防治技术，走遍了临安390余万亩林地的沟沟岔岔，在森防科技创新、服务农村发展和促进农民致富中做出了贡献。

临安是国家森林城市，山多林茂，竹笋、山核桃和经济林是山区农民致富的“聚宝盆”。作为森防战线的一名科技工作者，胡国良深知自己肩上责任重大。

潜心研究　让核桃硕果累累

山核桃是临安山区林农奔小康的当家产品，及时有效地防治山核桃病虫害对于林农增收有着十分重要的意义，也是胡国良科技攻关的主要目标之一。上世纪90年代山核桃产区的林农反映，他们那里的山核桃光开花不结果。群众的难题牵动了胡国良的心，为了解开山核桃光开花不结果之谜，他和森防站同志一起，跋山涉水，深入林区在雄花序、雌花朵上仔细观察，并查阅了大量科技资料，原来它是一个虫体较小、隐蔽性强，名叫花蕾蛆的新害虫在作怪。随后，他就马不停蹄地带领科技人员，对花蕾蛆的发生规律、生活史进行详细观察研究，在成虫开始羽化时期多次黑夜上山观察，遇到雨天也不间隙，撑着雨伞上山。在掌握害虫规律的前提下及时进行多种药剂试验，找到了行之有效的防治办法和有效药剂，很快在各地指导推广。通过防治每年从中挽回经济损失上千万元，产区林农纷纷送来锦旗和感谢信，表达他们的感激之情。

虫情调查

21世纪初，临安市山核桃产区又发现一种发生普遍且危害十分严重的一种怪病。为了搞清病害起因，胡国良急林农所急，想林农所想，立即开展一系列调查研究，在实验室内观察病原菌，一操作就是十几个小时，在山上调查试验五六小时不下来，春季上山满身湿淋淋，夏季上山全身热辣辣，几次湿衣裤，几次饿肚子，但他忘我工作的热情仍十分高涨。后来，他在原浙江林学院俞彩珠副教授的指导下，经过数月的艰辛努力，通过大量试验，病害终于得到了攻克，病名定为山核桃干腐病。在摸清病因，找出药方的情况下，把有效的防治方法和有效的农药及时推广到生产中去，发动和指导林农开展全面防治，收到了很好效果。2002~2005年，他参加了杭州市重点项目“山核桃新品种选育及高效培育技术研究”，3年间共推广面积3万公顷，增收2.4亿元。

执著追求　让竹笋拔节生长

竹笋是临安市农村经济的又一大支柱产业，然而，近几年来，竹笋病虫害发生越来越严重，胡国良结合实际向杭州市科委申报课题、立项研究。从1997年开始做了大量的科学研究。他一丝不苟地进行调研、观察、饲养，不厌其烦地进行防治试验。有时为了摸清一只虫、一个病的规律，不知多少次早出晚归、淋湿衣裤地在竹林中观察，收集大量的资料、照片和数据，树立了各种防治典型样板，并按照边试验、边推广的科研思路，指导组织林农及时开始防治。

通过几年努力，课题组查清了临安64种食用竹的主要病虫害，首次发现3个新种和1个中国新纪录种，并对10余种主要病虫害生物学特性和发生规律进行详细研究，填补了国内空白。2000年通过专家鉴定，整个研究成果达到国内领先水平。2001年7月获得浙江省林学会首届“科技兴林”二等奖，同年12月获杭州市人民政府科学技术进步二等奖。这一科技成果推广防治面积11万余亩，竹笋产量亩均增幅20%～25%，挽回直接经济损失5500万元，取得了明显的经济效益和社会效益。同时，他还参加了省林业厅下达的林业重点科技项目“有机竹笋及可持续经营技术研究”，在2001至2005年的五年间累计推广面积4万亩，总产值达1.98亿元，增加经济效益2000余万元。

敢于担责　让松林郁郁葱葱

临安又是一个拥有83万亩松林的山区生态林业市，近年来，却四面遭受松材线虫病的严重威胁。为了做好防范工作，他积极当好参谋，结合临安实际，凝聚全站同志智慧，提出了松材线虫病要“源头严格控制，路上严格检查，现场严格复检，产地严格监测”等一系列“内查外拒”的防范工作新思路，突出一个“严”字，把握一个“防”字，几年来，通过这一指导思想的实施，通过野外的常年监测，在千秋关、昱岭关、三口等地建章设站，全面推行工程治理和领导干部目标管理责任制，松材线虫病未能侵入，取得了防范的阶段性胜利。

1997 年以来，锦城、锦南、青山湖、玲珑等镇街松林全面爆发日本松干蚧危害，严重影响临安生态环境。“虫情就是命令”，胡国良带领全站科技人员在全面进行虫情调查基础上，及时向市政府提出了“打孔滴药和打吊针法”开展防治，很快在各地掀起防治热潮，在防治中，他不顾自己脚扭伤，行动不便，坚持上山，忘我劳动。他率先垂范的这种精神，受到林农的赞扬。目前，全市虫情已基本得到有效控制，青山湖的松林变绿了，锦城四周的照面山更美了。

著书立说　让事业后继有人

自 1999 年任副教授级高级工程师以来，胡国良在《林业科学研究》《中国森林病虫》《竹子研究汇刊》《浙江林学院学报》《浙江林业科技》等省级、国家级林业科技核心刊物发表论文 13 篇。出版《山核桃病虫防治彩色图谱》《竹子病虫害防治》《山核桃栽培与加工》《竹子病虫害防治彩色图谱》《浙江效益农业百科全书・山核桃》等专著 5 部。

一直以来，他致力于为三农服务，积极开展科技推广、科技培训和人才培养等工作。作为浙江农林大学硕士研究生导师、农村干部培训讲师团讲师、电视党校讲师、科技服务“110”林业专家组成员，他积极指导带领临安市林业科技人员、本专业工程师和大学生积极开展山核桃、竹笋和生态公益林病虫害防治技术的推广工作，他每年深入产区 10 个乡镇，举办森防培训班、电视讲座等 40 余次，受训林农上万人次，发放技术资料 5000 余份，培养了一大批农民技术人员和森防科技示范户。

在山核桃、竹笋等病虫害防治上，由于胡国良工作认真，技术求精，积累了一些经验，在林农当中有一定影响，被林农亲切地称为森林资源的“绿色卫士”。10 多年前，因为他的工作业绩突出，相关部门找他谈话，准备推荐他到乡镇担任领导一职，可是他却一口拒绝了，他说他的专业是林业，他这辈子与山林结缘，去守候心中的那片绿色。

30 多年来，他曾多次被国家、省、市党委政府授予“科普先进工作者”“优秀科技特派员”“科技人员拔尖人才”“优秀共产党员”等荣誉称号，2004 年，他被评为全国森林病虫害防治工作先进个人，2014 年他又荣获“全国最美森林医生”称号。

这一份份沉甸甸的荣耀，凝结了一名林业科技工作者的智慧与汗水，见证了一名优秀共产党员的责任与担当，更加诠释了绿色卫士的真正含义。

孜孜不倦的啄木鸟

——记浙江省奉化市森林病虫防治检疫站高级工程师李国平

他犹似不知疲倦的啄木鸟，经年累月巡视在百万亩山地林间。

他因敬业而踏实，因踏实而非凡。

他是现任奉化市森林病虫防治检疫站站长、高级工程师李国平。

作为森防战线上的一名老兵，李国平三十年如一日，以平实、勤奋、进取的工作态度和敬业精神，为奉化森防事业默默奉献，带领团队取得了骄人的业绩。他先后获国家林业局森防总站“全国最美森林医生”、村级森防员培训工作先进个人、宁波市“十佳林特技术人员”、宁波市松材线虫病防治工作先进个人、奉化市优秀农技人员、奉化市农技指导员先进个人等荣誉称号；他所在单位多次被省林业厅、宁波市林业局、宁波市松材线虫病防治工作指挥部授予先进单位称号。

无怨无悔的森林医生

1985 年，李国平从浙江林学院森林保护专业本科毕业，分配到了奉化市林业局森林植物检疫站工作，这一干就是三十年。为了尽快熟悉奉化的山林地貌，他住农家、吃百家饭，几乎走遍了奉化的每一个乡镇、林场和大小苗圃，掌握了大量的第一手资料。在他的指导和带领下，奉化市建立起第一批国家级森林病虫害中心测报点；建立健全了市、镇(街道)、村三级测报网络；制定了检疫制度、规范了检疫程序，有效地控制了松材线虫病、松针褐斑病、冠瘿病等检疫性病害的发生和松毛虫、卵圆蝽、竹螟等害虫的危害。

竹产业是奉化的重要产业，竹类资源丰富、产地面积大，而竹林害虫多、发生频率高、危害性大，广大竹农深受其害。20 世纪 90 年代初，奉化“大毛筒”竹林基地发生卵圆蝽毁灭性危害时，他深入到疫情发生的偏远山村，与竹农吃住同行，克服了工作量大、技术装备落后及交通、照明等条件不便的困难，开展虫态调查监测；采用毒环涂杆、人工捕捉和竹腔注射等方法，夜以继日地对竹林逐株防治。经过一个周期的艰辛努力，终于有效地控制了竹卵圆蝽的危害，他踏实的工作作风也受到竹农的高度赞许，二十多年后，当地竹农依然亲切地称呼他为“小李”。

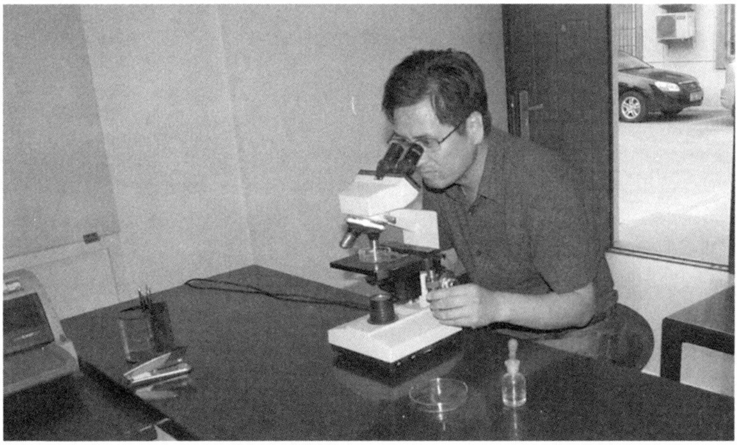

松材线虫镜检

经过大量的实践，他对竹林害虫的防治策略，从注重技术实施提升到建立防疫体系。2012 年，重点竹产地奉化市溪口镇也暴发了卵圆蝽危害。面对虫口密度高达 200 只/株、大片半年竹林成片死亡的状况，李国平当机立断向市农林局提出了“统防统治”的防治机制，由市森检站统一组织人员、统一器械、统一药物进行喷粉防治，并申请予以资金支持。经过努力，全市共投入 3 万元对溪口镇、大堰镇等地 5000 亩竹林进行喷粉防治，为竹农挽回直接经济损失 2500 万元。现在，“统防统治”机制成为全市竹林病虫防治的推行模式，卵圆蝽、竹蝗、竹螟、竹一字象甲等的发生危害率大幅下降，成效极为显著，得到了广大竹农和社会的高度肯定。

2013 年夏季，高温席卷奉化市，很多树木承受不住连续二十多天 40℃以上高温肆虐，村里的风水树、公路两旁的绿化林带纷纷出现不同症状的日灼病。这个夏季，奉化森检站的求助电话此起彼伏；也是在这个有史以来最炎热的夏季，李国平上山下村的次数打破了往年的记录。溪口雪窦寺内的夫妻银杏树，是奉化市最有代表性的千年人文古树。由于高温影响，雄树叶片脱落，生长势衰弱，寺内花木养护者怕是营养不够，还给它们施了复合肥。他得知后，迅速赶到现场，组织人员把复合肥全部清除，并对古树挂了吊针，每天傍晚对它进行叶面喷水。二十多天里，李国平顶着酷暑，每日实地观察树势，指导抚育。经过他的精心救治，银杏叶子重新焕发了新姿。站在银杏树下，他颇感欣慰，这是 1997 年以来，他第三次救治这对千年患难“夫妻”了。雪窦寺方丈称赞李国平“功德无量”。

默默无闻的护花使者

花木产业一直以来是奉化山区农村经济的主导产业。李国平工作之初，奉化市花木业刚好迎来第一个发展高潮。苗木运往外地，需开具植物检疫证，而苗木基地大都地处偏僻山区，这给花农带来了不少麻烦。

得知了花农的苦衷，李国平想花农之所想，急花农之所急，一到上半年花木调运高峰时期，他就来到离市区三十多公里的溪口镇东岙一带蹲点。当时，城乡之间客运班车很少，下午三点一过，就没有班车了。李国平干脆吃住在农家，往往下去一蹲点就是一个星期。现场检疫、开证，一有空闲就观察花木病虫，李国平与花农打成了一片。

李国平任站长后，面对大量的检疫任务，他一方面加强现场防治指导，定期举办培训班，每年受训人员达 1000 多人次，指导花农防治樱花根癌病、红枫蛀干害虫星天牛、蜡蝉、樱花盾蚧、五针松桃蛀螟、杜英炭疽病等病虫害。另一方面，他带领团队，合理安排时间，及时开展检疫，及时开证，确保花木运销不受影响。单每年 1.6 万份左右的检疫单，就说明了李国平及其同事的工作量之大。

地处奉化市溪口镇西边的三十六湾村，村民世代以种植五针松为生，全村有 90% 村民从事五针松的种植、销售，是 20 世纪 80 年代初全市第一个"万元户"村。

2010 年，李国平在对三十六湾村进行产地检疫时，发现了一种新的危害五针松的害虫幼虫。由于当时不能确认是哪一种虫害，他采集了 20 余个标本带回实验室进行饲养、观察，并定期做好各个虫态的形态特征和危害情况的记录。当成虫羽化后，被确认为桃柱螟，这是奉化市第一次发现桃蛀螟危害五针松的病例。他第一时间回到了三十六湾村，划定了 15 亩五针松苗圃地作为桃蛀螟的临时监测点，落实了专门的人员进行定期观察、记录，同时对广大五针松经营户进行了现场防治指导。由于防治及时、有效，遏制了桃蛀螟在五针松上的发生发展。下基层时，经常可以听到花农开玩笑似地对李国平说："老李，你可是我们真正的护花使者呀!"

孜孜不倦的森防学者

李国平始终勤于钻研。近年来，先后有《奉化水竹一字竹笋象的初步研究》《苦烟制剂、BV 制剂扑杀松墨天牛成虫及防治松材线虫病试验》《松材线虫病流行与松树采伐剩余物关系研究》《竹箩舟蛾的研究》等 10 篇科研论文在各级刊物上发表、获奖。其中笋用林竹螟防治技术研究及推广获宁波市农业科学技术进步四等奖，卵圆蝽生物学及防治技术获宁波市农业科学技术进步二等奖，防治松材线虫病的炮仗获得了国家发明专利，填补了如何防治百年高大古松松材线虫病的技术空白。

1998 年，奉化市袭村镇缸爿山首次出现松材线虫病疫情，并迅速扩散到了全市 11 个镇(街道)。为此，李国平不知多少次进入深山密林观察、取样。白天外业调查，晚上回到单位加班加点，在实验室进行分离、镜鉴，争分夺秒地获取松材线虫病资料。在各方专家的支持和努力下，经过无数次尝试、探索，逐步积累了经验，防治成果也不断显现。从单纯的就地焚烧病木到使用白僵菌、松疫克、诱捕器、树干注射等综合防治，创造了连续十年枯死面积和枯死数量双下降的业绩。全市枯死松树数量从 2000 年最高时的 13.6 万株下降到了 2012 年的 6600 株。

溪口国家级森林公园是浙江省十大松材线虫重点保护区。前几年，古树也遭受了松材线虫侵袭。李国平为此心急如焚，思之再三，独辟蹊径，从医院买来盐水瓶，从生产商店买来药物，自己配药，给古松树打吊针。之后，又专门为古松林量身订制了《奉化市溪口风景区松材线虫病预防体系工程建设规划》。随着综合防治措施的落实，溪口风景区内 25000 株古松至今依然健壮无恙，郁郁葱葱地向游人展示着独特魅力。2010 年 11 月，张星耀等 15 位国内知名松材线虫病防治专家实地考察溪口风景区松林生长情况后，对溪口风景区松材线虫病防治规划、定位、方法给予了高度肯定。张星耀教授还不无感慨地称赞：“在全国松材线虫病重灾区的宁波居然还有这一片郁郁葱葱、高大挺拔的松林，实属奇迹。”

奋斗在森防一线的草根委员

——记福建省尤溪县森防检疫站詹祖仁

1999年的一天，他参加第二次森林植物检疫对象普查，天突降大雨，山路变得光滑，返程途中连人带车滑倒，幸好摩托车被挂在路边的一棵大树蔸上，他趁机抓住了树蔸上的枝条，捡回了一条性命，但身体多处擦伤，双手鲜血淋漓……类似的情况，对他来说，早已是司空见惯。他就是一位被称为草根的省政协委员，尤溪县森防检疫站站长詹祖仁。

初出茅庐

尤溪县地处福建省中部，山清水秀、人杰地灵，森林覆盖率73.8%，素有“闽中明珠”“绿色翠帷”之美誉。1989年从福建林学院森林保护专业毕业后，詹祖仁被分配到尤溪县森林病虫害防治检疫站工作。上天好像有意磨炼这位初出茅庐的大学生，这年该县4个乡镇7个行政村发生了国家检疫对象毛竹枯梢病疫情。作为森保专业的他，责无旁贷，总是冲锋在前，晴天一身汗，雨天一身泥，他乐在其中。针对当时大部分竹农对毛竹枯梢病不了解的现实，他主动请求驻入疫区乡镇村，逐山逐片开展疫情除治现场指导和除治进度检查工作，为村民讲解疫病症状识别方法，开展疫病危害性及除治工作重要性宣传。经过三年的不懈努力，基本扑灭了毛竹枯梢病，挽回了巨大经济损失。提起这场被称作“人民战争”的疫情治理和除治工作，詹祖仁说，困难很多，尤其是竹林的蚊子特别凶，印象最深刻。即使全身擦涂清凉油，用长袖长裤衣服把身体遮掩得严严实实，蚊子照样用口针刺透衣服或在难以遮盖的头部四处叮咬，每次工作回来他身上很多地方都被蚊子叮成红肿块，瘙痒难忍。但他与同事以顽强的意志克服了艰苦的工作环境和种种挑战。也正是这一场疫情除治大会战，锻炼了詹祖仁。虽然森防工作艰苦，而且经常接触有毒有害农药，但他坚定用自己所学之长，干好这份工作，为家乡林业做贡献。他是这样想的，也是这样做的。当年组织有意从检疫站年轻人中提拔到林业站担任中层领导，他毫不犹豫拒绝了行政职务，选择了搞业务。从林业助理工程师开始，始终怀着满腔的热忱，兢兢业业地投入到森防岗位工作。

开弓没有回头箭

长年累月的工作，使詹祖仁患上了严重的关节炎，特别是台风季节，脚痛得连上下楼梯都很困难，更不用说爬山了。实在痛得受不了，他就吃着止痛药爬山，等忙完后，他往往是面色苍白，直冒冷汗。这时他总是乐观地说："没事的，都是老毛病了，过几天就会好。"2008 年 8 月的一天，林农反映一片马尾松幼林许多主侧梢枯死弯曲，并采来受害

病害调查

标本。他一看就知道是遭受微红梢斑螟危害所致，但他仍然赶赴现场，进行详细调查，发现第二代幼虫还在被害梢蛀道内为害，且马尾松幼林树不高，毅然否定了药剂喷洒的传统治虫方案，提出剪除被害梢集中烧毁的办法，既保护了生态，又节约了防治成本，受到林农的好评。当年选择行政的几个同事都先后被提拔到其他单位担任领导职务，如今有的已升任科级领导干部10多年。作为80年代的大学生，他选择了业务，奋斗至今，仍无一官半职，却始终无怨无悔，且还有如此满腔热血。很多人不理解，他到底为了什么？其实答案很简单，他有一颗赤诚的心，他要兑现自己的理想，坚持用自己的所学服务广大林农，回报养育他的莽莽大山。他就像射出的箭一样，勇往直前。他踏遍了尤溪的山山水水，一个山场一个山场来回爬行，开展林业有害生物测报调查、种苗产地检疫，指导防治，把林业科技送到了林间地头，送到了千家万户，送到了林农的心坎上。

终获累累硕果

既是指挥员又是战斗员。在工作中，詹祖仁处处率先垂范，决不坐在办公室里电话遥控，凭空指挥，而是深入工作一线，取得基础数据，掌握第一手资料。他每年参加完成10多种林业有害生物预测预报，野外调查面积200多万亩；每年检疫和复检木材、竹材及其包装材料20多万立方米，种苗产地检疫4000多亩，检疫率达100%；推广应用无公害防治技术，无公害防治率达100%，有效防治率接近100%；自2008年开始，他还积极承担村级森防员培训授课任务，严格制订培训计划，编写培训教材，累计培训林农1600多人次；他大胆创新管理方法和工作机制，把检疫执法纳入各单位年度目标考评管理，在国家规定"四率"考核指标基础上增加了"宣传知晓率"和"案件查处率"两个指标，协助政府建立地方疫情防控工作责任制，设立公布举报电话，推行疫情举报奖励机制，发动社会力量参与举报林业疫情和非法调运松木案件，有效防御了林业危险性有害生物入侵，保护了松林资源和国土生态安全，取得了很好成效；在不断健全和完善县网络森林医院的基础上，他又开通使用了全县林业有害生物预警信息短信平台，及时有效发送林业有害生物预测预报信息、防治信息、检疫监管信息等，全面完成全县林业有害生物监测预警、检疫御灾和防治减灾工作，取得了显著的经济、生态和社会三大效益。

多年的现场感受，使他深有感触，很多文章有感而发。他在国家、省、市森防信息网发表稿件500多篇，数量居全省第一，最多一年报道了113篇。当他被选为全国森防宣传优秀通讯员时，别人问他，为什么能写如此多的稿子？他说，无它，只是身临其境，现场感受而已；如果没有深入实地，一篇报道也写不出来，坚持不到现场不写报道。多年的实践，使他对林业了如指掌，为领导提供了很多建设性意见。如他提出的《龙门场古银杏群亟待加强保护》的专报件，使得古银杏群获财政专项保护经费20万元。2013年，当选为福建省政协委员后，他更是如鱼得水，先后提出了《关于加快出台我省松材线虫病防控地方性法规的建议》、《关于加快高速公路和铁路两侧及一重山松树纯林改造的建议》等多件提案。多年的生产实践也让他在学术上颇有建树，先后发表学术论文或文章57篇，获省政府科技进步三等奖1项、市政府多项奖项等。

26年来，大山见证了一位基层大学生的青春与理想，大山见证了一位基层技术员的朴实作风，大山见证了一位基层干部的无私奉献。草根委员詹祖仁用坚韧和执著描绘着一个一线森防工作者美丽的人生画卷，人们陶醉在青山绿水的同时，不由地也感受到了广大森防工作者的可爱与可敬。

挚爱森防事业，真情为民服务

——记山东省商河县林业局闫家河

1985 年，闫家河初中毕业考上了山东省林业学校森保专业，从此踏上了这条终生不愿改变、也不会改变的森林病虫害防治之路。他说：自己之所以挚爱森防这个职业，除了痴迷、兴趣以外，更多的是一种责任和义务！

1990 年，闫家河刚参加工作不久。当时在华东、华北平原地区的杨树上，发生了严重的杨潜叶蜂虫害，由于树木高大，缺乏实用有效的喷药器械，5 ~6 月的整个平原上，杨树林带林网几乎是一片枯红色的火烧状，景观形象和树木生长受到严重损害，这种现象一直持续了六七年。这件事，让森保毕业的闫家河感到非常难受，无能、无奈、羞愧甚至无地自容，深深刺激和伤害了他的自尊。同时，这件事也让他下决心有所担当，有所作为，对病虫灾害绝不能熟视无睹、无动于衷，一定要找到根治方法！

幸运总是眷顾有心人。闫家河在观察虫害的同时，发现在有虫枝叶周边，飞舞着一种体型很小的姬蜂，凭着职业敏感他断定是天敌。在没有任何记载的情况下，闫家河持续多年观察，最终历时 8 ~9 年基本摸清了这种姬蜂的发生规律，证明它是杨潜叶蜂的专性寄生天敌，一举控制了杨潜叶蜂危害。后经中科院动物所王淑芳教授历时 6 年鉴定，该姬蜂是 1 新属 1 新种。

有了这次发现的惊喜，针对我国很多林木病虫害发生危害规律不清楚、不准确，以及我国林业昆虫的基础分类研究还较滞后的这样一种现实，闫家河下决心要把商河县及周边区域林木主要有害生物和天敌种类及发生规律调查研究清楚。为了采集和观察昆虫发生发展规律，他在林子中一待就是两三个小时甚至大半天；为了观察一种害虫的出土规律，他曾连续 3 年各选 3 天，从早 5 点至晚 10 点的 18 个小时里，每小时 1 次观察 20 棵树下从土里钻出来的虫子，最多的一天摁死 1.5 万头；对一种昆虫主要发生规律的研究，最多的用时近 10 年，最少的也两三年。20 多年来，发现并发表林业昆虫 1 新属 8 新种；完成了 16 种昆虫新种或新纪录的原始观察研究，在省级以上刊物发表学术论文 40 多篇。相继获得最美商河人诚德之星、济南专业技术拔尖人才、首届泉城优秀公务员标兵、山东省优秀共产党员、全国森林病虫害防治工作先进个人、第十届中国林业青年科技奖、享受国务院政府特殊津贴技术人员等荣誉称号。

监测调查

监测预报是林业有害生物防治的一项基础性工作。2010 年之前，全县的监测和研究工作以闫家河为主承担完成；2010 年，他被任命为县林业局副局长，在做好领导岗位工作的前提下，他投入大量精力传帮带、指导和培养年轻人继续开展监测工作。同时，他利用担任林业局领导的优势，积极争取局主要负责同志对森防工作的支持，包括车辆、人员、资金、项目等方面提供保障；利用他在森防科研方面的成就和从事美国白蛾防控工作的经验向县领导建议，使县委、县政府更加重视林业有害生物防控工作，每年都列入县属重点工程进行考核。他在监测预报工作中严格要求，力求取得精确、真实、可靠的监测结果为防治决策提供科学依据。例如，春尺蠖监测已有从1999年至今的14年系统调查数据，美国白蛾有从2007年开始的8年系统数据。在他的带领下，2013年起，商河县内有分布的，能给林农、苗农、果农造成危害的约20种主要有害生物都进行了比较细致的监测，基本能够发布各种有害生物的最佳预防和除治时机的预报。

监测数据，贵在真实。工作中，闫家河特别严谨，强调“凡事不做则已，做就要力求最好最真最准”，提倡并力行“以学术标准做好业务工作”，主观上坚持实事求是，不弄虚作假、糊弄了事。由于商河是国家级中心测报点和全国监测预报公共服务规范化试点，一旦中断监测影响结果，会造成无可弥补的损失。因此，他提出了“害虫不管人们的周末和节假日，仍照常发育危害”的观点，他与同事很少休节假日和周末，至少是轮休，确保监测不中断。例如，2014年春节期间，由于气温偏高，春尺蠖成虫极有可能提前出土。他要求兼职监测员除夕和初一、初二都要进行监测；正月初三他就离开老家，开着借来的私家车到70多里外的标准地，及时监测到了成虫出土，这是商河县乃至山东省历年来春尺蠖最早的出蛰记录，对于监测预报具有重要意义。前几年，由于工作过度劳累，他患了严重的左腿静脉曲张以及胃病，为了关键时期不耽误监测调查和防控指导，两个病都拖延2年多后才做了手术。对此，家属意见非常大，意见归意见，却也是既怨又疼又无奈。

2013年，商河县被确定为全国林业有害生物监测预报公共服务规范化试点。为做好试点工作，切实为群众搞好技术指导和服务，尤其是2014年以来结合开展党的群众路线教育实践活动，闫家河作为县宣讲团成员，更加意识到肩上的责任，更加真心愿意为民服务，时刻牵挂和担心地里的苗木、树木发生病虫害，怕因为监测、指导不到位而耽误了防治。经过不断探索，建立、完善了一套以森保站及时监测为基础、林业网站和手机短信为核心的为民服务信息平台，即森保站每周至少 2 次对林木、苗木、果树进行调查监测，第一时间撰写虫情信息和情报；同时，在商河林业网设立的监测预报公共服务专栏上，第一时间将信息、情报、通知、技术指导意见图文并茂地在网站上发布和更新。将全县所有育苗基地和农户、林农和果农大户、城镇居民小区物业办、木材经营加工业户、县直单位绿化联系人等全面登记在册，建立通讯录和电子档案，将虫情信息或通知通过县监测预报软件系统平台群发短信，人们即刻收到并登录网站详细了解。其次，公开服务电话，发放便民服务卡，那些没有电脑或上网不方便的农户，接到短信或遇到问题时，可随时打电话咨询、了解、反映情况。

这个平台很快发挥了应有的作用。2013 年在平台上接到群众咨询后发现了一种新的严重危害白蜡苗木的瘿螨，通过信息服务平台群发短信、多次现场指导群众识别与防治，并通过省、县电视台、电台进行广泛宣传，仅商河白蜡育苗户就挽回经济损失近千万元。

尽管在工作中取得了显著成就，但闫家河并不满足，他认为与上级要求和群众需求相比，与“最美森林医生”这个崇高称号相比，还有很大差距和不足。他表示今后将进一步秉持科学严谨的科研态度，以求真务实的工作作风，踏踏实实工作，全心全意为民服务，将自己的精力和激情全部奉献给森防事业，做出更多更大贡献。

山沟里走出的“树医”专家

——记河南省鲁山县森防站高级工程师周耀伟

出身于鲁山县山沟农村的周耀伟，怀着对森防事业的热爱，以“啄木鸟的精神”全身心地投入到森林病虫害防治技术的研究、推广工作中，近20年来走过了一条奋力拼搏的艰辛之路，取得了喜人成绩。在全国网络森林医院上，解答林农疑难问题1600多条，名列全国2000多名专家第一，2013年11月份被国家森防总站聘为“国家级森防专家”，这在县级森防站中凤毛麟角，成为河南森防的一面旗帜；近期周耀伟又被国家森防总站授予“全国最美森林医生”称号。所有认识他的人无不为之激动兴奋。

刻苦钻研林业有害生物防治的有心人

周耀伟常说：“无论干啥事情，干就要干得最好。”他说到了，也做到了。

1996年毕业于洛阳农业高等专科学校果树专业的周耀伟被分配到鲁山县林业局森防站，从事林业有害生物防治工作。他通过几个月的调查后，对林农严重缺乏林业有害生物防治知识感到震惊，根本认不清病虫害，错把蚧壳虫的蜡质当成白粉病，把葡萄褐斑病当成黑痘病，把缺素生理病当成真菌病害……不是按照病虫害发生情况来治，而是跟着感觉喷药，一个桃小食心虫从开花到收获喷药达到十多次，仍然虫果累累，葡萄炭疽病从开花就喷药，到成熟时病烂果倒满渠沟……他心痛，下定决心做好林业有害生物研究工作，摸清其发生规律，指导林农防治。

说着容易做着难，近二十年来周耀伟为自己的理想付出了巨大的艰辛。他打着手电筒在桃园中一熬就是7个通宵，才摸清了一代桃小食心虫的发生规律；他30多次调整农药配方，终于研究出能彻底治疗板栗干腐病、愈合好、复发率低的农药；他试验近50次，解决了巨峰葡萄坐果率低的全国技术难题；他用两年时间，采用80多种对比研究试验，在全国首次提出巨峰葡萄成熟期黑筋病是葡萄高产造成的生理病害……

防治效果调查

为了做好林业有害生物防治工作，周耀伟每年都自费500多元订阅各类科技书刊；由于他经常下到林果园做试验和现场指导，把家务全扔给了爱人，岳父病危，临终他也没顾得上去看一眼。

周耀伟刻苦钻研林业有害生物防治技术，攻克制约林果发展的林业有害生物技术难题25项，推动了全县林果业健康、高效、快速发展。以鲁山县的巨峰葡萄为例，全县亩均收入由1998年的不足800元，到现在的亩均效益8000元，面积也从2008年的不到500亩，发展到近2万亩。

网络森林医院的技术传播人

2010 年 7 月，被聘为国家网络森林医院的一名县级专家后，周耀伟感觉自己肩上的任务更重了。“成为网络森林医院专家是我的荣幸，但我要对得起‘专家’这个称号。”周耀伟是这么说的，也是这样做的，对于所解答问题，认真负责，满意度较高。

为了让林农接受网络森林医院，他不辞劳苦地宣传网络森林医院的好处和使用方法，但一年下来，加入的林农也很少；他改变策略，通过对加入农户刘大国的精心服务，让受益农户来宣传，效果极佳，无电脑的林农踊跃购买电脑，积极申请加入网络医院。

为了更好解答林农提出的技术问题，无论是否工作日，他每天一般休息不到 5 个小时，有时还通宵工作；只要网民提出问题，他对自己研究过的，总会及时解答，对于本地区网上难以解决的技术问题立刻现场解决；对于较为疑难的病症，他要查阅大量技术资料，多次向省、市相关专家请教，无数次到现场调查试验，直到解决为止。

周耀伟的努力不仅得到了本县林农的认可，也得到了全国林农的肯定。不完全统计，2012 年底至今，他接到安徽六安、合肥、砀山，湖北荆门、襄樊、宜昌，山东泰安、临沂、烟台、淄博、菏泽，陕西西安、延安、眉县州，河北赞皇、保定，河南漯河、许昌、南阳、周口、洛阳、三门峡、宝丰、汝州、禹县等省内外林农打来的电话、短信咨询的用户在 500 人次以上，他的手机几乎成了全国森防咨询热线。

成为网络森林医院专家不到四年，周耀伟已经解答来自全国各地的技术咨询 5000 人次以上 ，现场技术指导达到 800 余次，解决技术难题 50 多个，对全国林业健康、高效、快速发展做出了一个森防人应该做的贡献。

愿把一生献给森防事业的人

多年来，他苦心孤诣地钻研和推广林业有害生物防治技术，《板栗防空苞技术》《鲁山县主栽果树常见灾害天气管理技术》《鲁山果树引种失败案例简析》《巨峰葡萄果粒不均怎么办》《巨峰葡萄黑干筋病(暂定名)的病因及预防技术初探》《果园管理失败案例浅析》《巨峰葡萄裂果原因及技术措施》《鲁山县林果生产中存在的问题及对策》等论文不时在《河南科技》《现代农业科技》《北方果树》《乡村科技》《落叶果树》《山西果树》等省级以上刊物发表。

截至2013年年底，他已经在各类农林科技刊物发表论文48篇，获得市级科技进步二等奖2项，论著一部，是鲁山县最勤奋的林业专家。

近年来，周耀伟不断受到上级表彰和鼓励：2009年10月，荣获全国森防法律法规知识竞赛三等奖；2010年，被评为2010年度河南省十大青年科技扶贫功臣；2011年荣获平顶山市第七届青年科技奖，被授予平顶山市青年科技专家；2013年被授予鲁山县科技拔尖人才；2012年被聘为网络森林医院省级专家，2013年被聘为网络森林医院国家级专家；2013年荣获国家林业局首届信息改变林业征文一等奖；曾被推荐为平顶山市优秀青年、县十二届党代会代表，被评为平顶山市优秀共产党员；连续多年被聘为市、县科技先进工作者。

组织部门多次找他谈话，要重用他到乡镇领导岗位工作，周耀伟婉言谢绝。他不放弃自己的理想，愿把自己的一生奉献给森防事业。

树林的啄木鸟医生　宜昌的森防卫士

——记宜昌市森林病虫防治检疫站肖德林

他是林业专家，也是树木医生，30 年风雨无阻，将心血抛洒在广袤的森林里。宜昌市森林病虫防治检疫站肖德林高级工程师，发扬“除害、敬业、厚德、求是”的“啄木鸟精神”，足迹踏遍山间小路，汗水浇洒树林深处，为一个个“不能言语”的“病人”问诊把脉、开方施药，让森林生机盎然，让宜昌绿色常在。

走出白色象牙塔　踏进绿色大森林

肖德林，男，汉族，中共党员，1962 年 3 月生，湖北天门市人。1984 年 7 月，22 岁的肖德林毕业于南京林学院（现南京林业大学）森保专业，被组织分配到宜昌市金银岗林场工作。作为一个从小在江汉平原长大的农家孩子，来到除了山还是山的地方工作，对肖德林来说，也是一场人生考试。自 1984 年参加工作以来，他就一直在林业森保第一线从事森林病虫害检疫防治工作。30 年的工作历程，使他积累了丰富的工作经验。一年中有半年时间在基层森防站、林区，他的足迹遍布宜昌市的山山水水，他经常深入林农，现场查看虫情，指导防治，把林业科技送到林间地头，送到千家万户，送到林农的心坎上。用他所学的专业，发挥专长，为宜昌森防事业做贡献。每年，他都会深入基层 3 个多月时间，认真调查宜昌森防工作现状，并及时向站长和分管局领导建议，全面开展森林病虫害检疫、测报、及各种病虫害防治技术指导服务工作。多年来，他深入基层和林区，及时解决工作中出现的各种困难和问题。在每年的春夏季及时到防治现场进行手把手的技术指导，在每年的秋季深入虫情发生重点区域指导开展监测调查，在冬季深入现场指导伐除虫害木。风里来雨里去，奋战在一线。晴天一身土，雨天一身泥是他的真实写照。为扑灭不冒烟的森林火灾、保卫宜昌绿色长城贡献着自己的青春和力量。

钻研本地病虫规律　探索科学防治技术

宜昌市林地面积达1705万亩，每年林业有害生物发生面积40万亩左右。针对全市林木发生的主要病虫害种类、特点、发生规律、危害程度，他组织全市专业技术人员在重点区域设立监测点并进行定期监测预报，密切监视虫害的发生动态。病虫害防治季节，他组织专业技术人员在林间地头组织召开防治现场会，送药剂送器械到实地，指导配药、打药，耐心为林农服务，有求必应，哪里发生森林病虫害，哪里就有他的身影。自2006年宜昌多个县市发现松材线虫病疫情后，他多次在疫区和松褐天牛密度较大的县市组织喷洒1%噻虫啉微胶囊粉剂和释放花绒

虫情分析

寄甲、肿腿蜂以防治松褐天牛。每次开展防治工作前，他都亲自审定防治方案，并实地踏勘、精心设计、慎重选药。经过多年不间断地在疫区开展防治工作，枯死树逐年减少，秭归县溪口坪村作为全市松褐天牛防治重点区域，枯死树数量已由2011年的470多株下降到2013年的10多株，效果十分明显。在防治松毛虫时，为避免化防污染环境、损害天敌和减少松毛虫对使用同一种药物的抗性，延长其再度发生的间隔时间。他对全国所有防治松毛虫的药剂进行反复比较和筛选，在三峡地区首次全部使用仿生农药开展大面积的马尾松毛虫“飞防”工作，其虫害死亡率由原“飞防”的82%提高到97.9%，有效地控制了虫害的蔓延。方便了人们的生产生活，保护了生态环境。他在做好指导基层开展防治工作的同时，还先后参与了多个省级以上科研项目，“板栗两象防治技术研究”“马尾松毛虫专用BT新剂型及应用技术研究”“松褐天牛生物学特性及扩散规律研究”“湿地松枯梢病流行规律及防治方法研究”“肿腿蜂防治松褐天牛研究”获省、市科技成果奖多项。

创新服务林农模式　创建便民“森林120”

随着集体林权制度改革后经营主体、防治组织的多元化，林农对林业有害生物防治技术服务需求的日益增加，在工作中，他经常在思考着这样一个问题：宜昌市森林病虫害市、县两级防控体系已基本形成，防控灾害的能力有了长足发展，但不得不面对专家在城里、需求在农村的现实问题。山林在农村，整天和林子在一起就是林农。对农村和林农来说，需要的是快捷、便利的服务，而之前开通的网络森林医院受网络覆盖面和林农知识水平等因素的制约，信息沟通受限。为了更好地服务林农和基层，并拓展和补充网络森林医院的服务功能，他及时主动向站和市林业局领导反映，建议在市森防站建设开通“森林120”服务平台，以方便林农、苗木经营户、林权所有者和社会化服务组织。对于电话问诊不能直接解决的问题，专家可赴现场调查病虫害发生情况，给出诊断意见，提出防治措施。服务范围包括林业有害生物防治、检疫法规咨询，林业有害生物诊断及防治技术指导，林业有害生物监测技术普及，环保型林药、机械推广应用。经过各级多方调查论证，2012 年 2 月“森林 120”服务电话正式开通。“森林 120”服务平台的开通，使林农可以足不出户实现电话问诊，又可以邀请专家上门诊断，享受的森林病虫害防治服务更加便捷。同时森林病虫害监测工作的末端也延伸到广大林农，随时能收集到来自基层的病虫害信息，为适时防治“治早、治小”开启了方便之门。“森林 120”不仅有利于森防人员履行职责，而且极大地推进了机关作风建设和管理，有利于百姓对政府的监督。创建“森林 120”服务平台工作 2 年多来，得到了社会各界，特别是得到林农的一致好评。这项工作，也得到了新闻媒体的关注，2012 年 11 月，中国绿色时报以“防治病虫害？快拨森林 120！”为题专门进行了宣传报道，国家林业局森防总站李青松书记还专程到宜昌市森防站进行了此项工作的调研。

他是弘扬“除害、敬业、厚德、求是”的“啄木鸟精神”的典范，他是视森防工作为己任，把防控生物灾害、维持森林健康、促进绿色增长为天职的楷模！面对林业有害生物日趋发生严峻的形势和艰巨的防治任务，我们每一个森防人都要像他一样，树立责任重于泰山的使命意识，坚持森林健康理念，强调生态平衡与自然和谐，积极探索科学防治理论和方法的创新，最大限度地发挥森林的自我调控能力，最大限度地减少防治工作对环境产生的不良影响，最大限度地降低生物灾害造成的经济、生态和社会损失，实现森林健康和林业有害生物的可持续控制，完成“保护森林资源，维护生态安全，促进绿色增长”的光荣使命。

先人一步，踏实干事的毛虫“博士”

——记湖南省长沙县森林保护植物检疫站涂新华

涂新华，男，1965年7月生，中共党员，湖南省临湘市人，先后在中南林学院、长沙县森林保护植物检疫站工作，先后任助教、林业工程师、森保高级工程师，现为长沙县森林保护植物检疫站副站长，从1989年起为长沙县森林保护植物检疫站的技术工作主持人，自1984年7月至今已连续从事森保工作30年，个人获县级以上表彰和奖励15次，2006年获湖南省林业厅“林业有害生物工程治理”先进个人称号，被同行亲切地称为“博士”。

宣传森防

青春就是吃苦和流汗

作为20世纪80年代的“天之骄子”，大学毕业时，他非常幸运地留了校，成为了一名人民教师，然而等待他的却是艰苦的科研工作——以中国林科院大青山实验局为蹲点基地，进行湖南省“七五”攻关项目“马尾松毛虫空间分布型”的调查研究，从此，他的一生便与“毛虫”结下了不解之缘。大青山地处广西偏僻小县凭祥市，那时的条件异常艰苦，旅途的奔波劳顿不说，吃饭就是大问题。由于吃饭的地方太远，上山调查只能用凉水就着饼干在山风中“用餐”，即使回到分场的驻地，吃饭时也只有一个没有什么油水的青菜下饭，娱乐活动则更是无从谈起。在广西进行科研蹲点的几年里，他的足迹遍布了广西三分之一的市县，既见识了河池地区的娓娓“歌语”，也尝够了象州的“二稀一硬”的三餐。1988年他调入长沙县森林保护植物检疫站工作后，碰到的第一个艰苦的工作便是长沙县1989年大面积飞机防治马尾松毛虫，领到的任务是进行每架次的飞防效果调查，接到任务后，他依然是二话不说，一个人，一部自行车，或骑车与飞机“赛跑”，或就着客运班车移送自行车，硬是不折不扣地完成了效果调查任务，真切感受了飞机防治马尾松毛虫的过程。1991年，原石门乡和暮云乡发生400余公顷的马尾松毛虫，决定进行人工化学防治，当时他的小孩还未满周岁，且正在发高烧，但当时森保站人手紧，只有两人，他二话不话，主动承担起现场蹲守指挥的任务，一干就是半个月，那时的烟雾机很容易出故障，他既当指挥员，又当修理工，按期完成了防治任务，当时参加防治的人员无不竖起大拇指称赞。且不说那时骑自行车调查虫情经常住在乡镇，就是后来有了摩托车，调查虫情也是“天晴一身泥，下雨变成落汤鸡”，但他从没有怨言，总是说：年轻时不发狠做，难道要等到年纪大时才发狠做吗?那时他工作的地方离家也就10多公里，但因工作经常耽搁回家，为这事没少受到家人的埋怨。这时，他总是耐心地对家人说：人家说我是本科生，曾是大学老师，眼睛都在看着我，我不多熟悉业务尽快提高自己怎么行呢?

工作上想着先人一步

涂新华同志在工作中是一个勤于思考，善于总结经验的人。正因为这样，长沙县的森保工作在很多方面总是先人一步，长期处于先进行列，在全省范围内起着示范引领作用。在病虫防治方面，在“小面积防治”这一成功经验之上，再推出“小面积生物防治长效控制”理念，2004~2014年，长沙县已连续11年没有大面积发生松毛虫。1995年以前，长沙县有40个乡镇，县站要在规定的时间内完成40个乡镇虫情调查任务是很困难的，为了解决这一问题，他提出了“测报点分层管理”模式，县站主要负责调查中心测报点；后来，随着长沙县成熟林、中龄林的增多，又大力推广使用“振落法”调查虫情；1995年长沙县撤区并乡后，鉴于基层测报点森保人员参差不齐的技术状况，又提出了进行“系统培训”的人员培训模式，逐年提高基层测报点森保人员的业务水平，并一直坚持至今。由于长期的艰苦工作，使得他体质严重下降，1996年他患病住院，1997年再度患病住院，但即使是在住院期间，他仍然在病房与同事一起探讨森保工作，出院后他放弃了6个月的连续休假，站长安排他做内勤工作。他将历年的档案资料重新整理订档，并制定了一系列的办公室管理制度，有些制度现在仍在沿用，所在单位当年就获得了长沙县林业局规范管理先进单位。1998年，他又回到主抓业务工作的岗位，又陆续编制了《长沙县森防工作表数据信息大全》《长沙县森林植物检疫管理规范手册》《长沙县林业有害生物防治检疫实用手册》《园林植物病虫害防治》等基层林防专用书册，编制了《长沙县林防常规工作明细表》以及《长沙县林防工作时序表》，林防工作规范化管理在全省范围内起到了示范引领作用。长沙县一次获得林业部表彰、二次获得省林业厅表彰、第一批次通过国家“标准站”建设、第一批次通过国家“中心测报点”验收，这些荣耀和成绩的取得，无一不饱含了涂新华同志的辛勤汗水和工作上先人一步的理念。2013年，涂新华同志被长沙县林业局总支部委员会授予“优秀共产党员”称号。

有所“不争” 有所“必争”

面对名利淡泊之，面对事业定争之。在他即将参评2002年高级工程师之前关键的2001年，他就谦让过全省先进名额。无论是2002年出席长沙县科技代表大会、2003年出席长沙县新年茶话会，还是获得各种表彰和奖励之后，涂新华同志总是一笑了之，淡泊名利，老实做人，从不骄傲，而是悄然将荣誉化作前进的动力。与此相反，面对事业却有一股“认死理”和“拼命”的劲头。“认死理”是他的“第一争”。2001年，他就准确地预测出2002年全县松毛虫会大面积轻度发生，但虫口密度普遍低，担着责任风险坚持可不进行防治的观点；2003年，长沙县马尾松毛虫和思茅松毛虫大面积中度混合发生35.6万亩，他在防治方案商讨会上，以一个“小人物”的身份力陈自己的观点，认为对马尾松毛虫重点发生地区进行防治即可，最后会议认同了他的观点，随后他主持了飞防方案的设计，在方案中他利用最先进的GPS导航技术、以生物防治为主，只设计防治了12.4万亩，减少防治面积23.2万亩，在节省大量人力、物力和财力的同时，飞防取得了良好的效果，有效地控制了松毛虫大面积暴发成灾之势。自此之后，长沙县已连续十一年未大面积发生过松毛虫。“拼命”是他的“第二争”——也就是在工作中“争时间”。他的工作多为他自己的主动安排，自己给自己规定工作进度。2014年1至6月，从搜集27年的气象资料到研究完成松毛虫发生量实用预测数学模型，6个月的时间里每天总是第一个开始工作，中午不午休，下午下班总是最后一个。有人劝他不要这么拼命，时间有的是，他却说：不一口气做完心里总是着急，想午休也睡不成哦。

涂新华同志的座右铭是：低调做人，实在干事，在平凡的岗位上不要甘心只做出平庸的业绩来。从这，我们应能找到他三十年如一日坚守在森保岗位上的内在原因吧。

心系林农的森防人

——记湖南省桃江县林业局练佑明

他中等个儿，敦实身材，黝黑的面庞，往竹林间庄稼汉子中一站，谁也认不出他就是长年在竹林一线指挥治蝗歼灭战的林业专家练佑明。

练佑明现任桃江县林业局森保站站长，他根扎基层三十一个春秋，默默从事林业有害生物防控管理与黄脊竹蝗防治技术应用推广工作，跋涉茫茫竹海，穿行袅袅毒雾，为实现小范围施药大面积治蝗，其足迹遍及县内 15 个乡镇的 280 多个村子，建立起现场示范点 200 余个，阻止其蔓延成灾，实现了可持续控制竹蝗的大发生，别人沾光，他沾农药。近 6 年来，他发明的“两法”治蝗及集中产卵地超前喷雾防治技术，为竹农挽回直接经济损失近亿元。

他付出了心血和汗水，赢得了一系列殊荣：全国森林病虫害防治工作先进个人、全国科普惠农兴村带头人、湖南省先进工作者。

勇于担当　钻研治蝗之“术”而有成

蝗虫是侵害竹子的一种顽敌。桃江县是竹蝗常发区之一。103 万亩毛竹是该县的生态屏障，也是竹农的“绿色银行”。从 1983 年开始，练佑明和他的同事挑起了保护 “绿色银行”的治蝗重担。

治蝗先得有“术”。练佑明进入“角色”做的第一件事，就是爬山岭、钻竹林，仔细观察竹蝗的繁育和生活习性。他常常独自一人蹲在竹林里观察竹蝗生长发育过程、取食习惯和“作案”时间。在长期悉心观察中，他记录了差不多一米高的数据资料，全面掌握了竹蝗的生活习性。

防治示范

1992 年，练佑明受命主持“黄脊竹蝗防治指标的研究”课题，经历了 5 年的艰苦努力。为了使研究成果能在实际中得到推广和应用，他开始试着办点。1992～1995 年，他在全县设立了 50 个调查样地，在山里一蹲就是大半天，对着手表，观察跳蝻从出土到上竹之间的时间。为了让更多的人掌握竹蝗防治方法，他把《黄脊竹蝗防治指标研究报告》寄给了林业科学研究杂志社，文章发表后产生良好反响。

勤于耕耘　房子换成书终为“富”

10 多年前，在县城置一套房子只需 6 万多元。当时，练佑明完全可以做到，让女儿搬进宽敞舒适的商品房。可是，他一切以事业为重，为了将钻研多年的治蝗之术传给竹农，研究并撰写《黄脊竹蝗科学防控》，发表论文及书籍版费就达 6 万多元，将自己的全部积蓄及工作之外的精力都换成了编著《黄脊竹蝗科学防控》一书。6 万元虽然目前在县城只能买到一间车库了，但房子换成书，他成为了精神富有之人。他先后在国家级、省部级期刊发表论文 20 余篇，独立创作出版国内首部关于黄脊竹蝗研究的专著《黄脊竹蝗科学防控》，申报病虫防治器械实用新型及发明专利 2 项，获得 4 个省部级科技成果奖。

不惧艰险　与毒抗争总为“农”

1983 年，桃江发生灾难性蝗灾，湖南省林业部门动用 100 多架次飞机实施了大规模防治。县林业局森保站的老站长带着刚刚走出校门的练佑明调查飞防效果。目睹被竹蝗啃食得一塌糊涂的竹林，他很痛心，于是他暗下决心，誓与竹蝗一决高低。31 年来不惧经常与有毒农药接触的治蝗工作，不知运了多少农药，装卸了多少农药。采用人工喷药，放烟灭蝗，常导致人畜中毒，打药的人皮肤溃烂，甚至一病不起。

最为痛心的是 2001 年桃花江林场因施用剧毒农药甲胺磷治蝗，5 人同时住院。

为筛选较为安全的林业有害生物防治有效配方，练佑明总是不断的选择农药试验、示范。亲自施药，在毒雾中行走，在烟雾中穿行，不知吸入多少农药。1991、1992 年，他两次中毒住院。几十年间，每到竹蝗肆虐的季节，是练佑明实地指导治蝗紧张忙碌的时节。他坚持实地观察，一旦发现新问题，就穷究不舍，记录下来。根据治蝗实践，他将所有治蝗成果创新组合成“两法”治蝗技术，即：被害竹下方枝盘打孔注杀虫双 20 毫升——灭蝻，竹槽灌人尿杀虫双 18∶1 混合液（或选小竹注射杀虫双）——诱蝗。试验总结了竹蝗集中产卵地超前防治技术，提出了“天、地、人”协同科学防控黄脊竹蝗的实施方案。各级领导也不遗余力推广他的竹蝗科学防控技术。2013 年全国竹蝗测报防治培训班在桃江召开，练佑明被聘为主讲老师。

练佑明老家在南县，妻子曾在大通湖工作。当时回家要过资、沅、澧三水，没有桥需过渡，看望父母、亲人非常不便。每年只有到了过春节才能回家探望父母，父亲去世他都没赶得上“送终”，母亲病重也没有在身边照料，可以说是个“不孝之子”。他长期在乡下跑，没有休一次探亲假，没有帮助妻子做过家务，也没有参加过女儿的家长会，同学几次问他女儿：“你到底有没有爸爸？”

哪里有蝗虫发生，哪里就有他的身影，长年累月钻刺蓬，划破了衣衫，磨破了胶鞋，挂乱了头发，妻子笑他：鞋儿破，帽儿破，身上的袈裟破，像个济公。然而林农却以他为美，总是盼他能经常去指点。

练佑明同志从一个风华正茂的大学生到成为一名将治蝗“苦差”当“美差”的治蝗专家，他骑坏了一部助力车、3 部自行车、3 部摩托车，磨破了 20 多双解放胶鞋，数次摔成重伤进医院，目前双膝上下楼总是疼痛。从一个毛头小伙到鬓角长出白发的半百“老头”。他的模样变了，但始终不变的是他那股咬定治蝗不放松的韧劲，是他那颗为民辛苦为民忙的公仆心。

俯首甘为啄木鸟

——记重庆市南川区森防站黄古琴

黄古琴，女，49 岁，汉族，中共党员，本科文化，现任重庆市南川区森林病虫防治检疫站站长。2007 年获重庆市林业局直辖 10 年林业先进个人，2009 年荣获首届南川区劳动模范（先进工作者）称号，2011 年获全国绿化委员会、国家林业局“十一五”期间林业有害生物防控工作先进个人，2012 年获南川区委、人民政府嘉奖。

黄古琴同志 1983 年从四川省林校毕业出来，带着五彩斑斓的青春之梦，先后在南川区林木良种场、重庆国家级金佛山保护区、区退耕还林办公室、区森林资源监测站等林业基层单位工作磨砺，怀着对森防工作的热情与执著，于 2008 年担任南川区森防站站长。林业有害生物灾害被称为“无烟的森林火灾”，轻则伤及群众的身体健康；重则毁林毁树，对森林生态系统造成极大破坏和巨大的经济损失。黄站长深知森防工作责任重大，为此始终把工作想在脑中，讲在嘴上。

森防工作比较辛苦，野外工作多，必须深入到生产第一线，哪里有森林病虫害哪里就有她的身影，她的足迹几乎跑遍了南川区的山山水水。有时林地离单位较远，常常不能往返回家，就只能吃住在老百姓家中，忘记了还有爱人和女儿在家等着她。记不清有多少次，黄站长在半夜拖着疲惫的身子回到家中，饭还没有吃，当爱人把面条煮好端来后，她已经在沙发上睡着了，女儿想叫她起来，爱人说：别叫了，你妈太累了，让她休息一会儿，醒了爸再给她煮过就是。凌晨醒来，女儿心疼地对她说：妈妈，你都几十岁的人了，多注意身体好不好。她说：谁让你妈是森林医生呢。

检疫检验

2012 年 3 月 7 日，黄古琴带领她的同事们在森检执法中发现太平场镇侨欣花园项目工地有松木板材 2000 余块，其中一些板材上发现有很多天牛蛀孔、松褐天牛幼虫活体、木材有蓝变现象。引起了她的高度重视，连夜组织排查，经查，该批松木没有运输、检疫相关手续，怀疑该批松木来自松材线虫病疫区，当即对其进行了查封，及时向区林业局和市森防站领导作了汇报。并立即采取紧急措施依法进行了查办：一是市森防站检疫执法人员会同南川区检疫执法人员立即对查封的松木板材按程序进行抽样检测；二是市、区两级森检执法人员与南川区森林公安一起，对该批松材来源进行调查取证，追溯源头。抽取的 8 个样品送检结果，其中 5 个样品带有松材线虫活体、确认该批松木材为疫木。于 4 月 7 日向南川区南平森林派出所报案，同时结合传播媒介松褐天牛羽化期临近的紧急状况，立即依法对涉案松疫木进行了没收烧毁处理，及时有效地阻止了重大林业疫情松材线虫病的传播蔓延。

此事件发生后，黄古琴同志寝食不安、夜不能寐，马不停蹄地往返于市森防站、森林公安、区检察院、区法院等相关部门，取得他们的支持。2012 年 4 月 25 日南川区公安局批准以涉嫌妨害动植物防疫、检疫罪立案侦查，并发布了网上追逃令，2012 年 6 月 7 日，经南川区人民检察院批准，货主姜荣杰被依法逮捕。南川区法院依照《中华人民共和国刑法》第三百三十七条第一款、第六十七条第一款、第五十二条、第五十三条、第六十四条之规定，判处被告人姜荣杰犯妨害动植物检疫罪，判处有期徒刑六个月，并处罚金人民币二千元，没收在案赃物材积为15.512 立方米的松材门条，予以销毁(已销毁)。现场勘察、取样检测、证据固定、移交司法等一系列程序一气呵成，成功办理了全国首例妨害动植物防疫、检疫罪案件，她悬着的心终于踏实了。

此次案件的判决填补了我国林业植物检疫执法史上对违法调运疫木获罪施以刑事处罚的空白，在全国林业系统掀起了轩然大波。面对铺天盖地的赞誉，黄古琴同志没有感到欣喜和骄傲，她说，南川全区 229 万多亩的森林，尤其是近 105 万亩松林的防治保护任务还任重而道远，以刑法为武器，严厉打击、震慑林业植物检疫犯罪，维护法律威严，有效遏制松材线虫病等重大林业疫情的人为传播，保护森林资源、保护林业发展成果，是每一个森防人应尽也必须尽到的义务。

啄木鸟是森林的良医和忠诚的卫士，是一种具有象征意义的益鸟。一只啄木鸟每天大约敲击树干 600 次，能吃掉 1500 多条害虫，无论害虫潜藏树木多深，啄木鸟都能把它掏出树干除掉，从不退缩，永不放弃。黄古琴作为森防人，为了防治林业有害生物，翻崇山，越峻岭，涉溪水，踩泥泞，不退缩，不放弃，恪尽职守，充分体现出了同啄木鸟一样的可贵精神。

恪守林业之责　善谋防治之道

——记重庆市森防站张文强

张文强，一个普普通通的名字，一个朴朴素素的人。可在重庆林业战线，一提起他，可以说是无人不知，无人不晓。

张文强，1958 年 6 月出生在重庆市沙坪坝区。1982 年 7 月，24 岁的张文强大学本科刚毕业，就积极响应党和政府的号召，满怀激情地投入到林业生产一线，成为县国有林场的一名技术员。从此，他在林业战线上一干就是三十多年。

"诚实做人，踏实做事"是张文强生活的座右铭，工作中他也是这样做的，并且坚持三十二年如一日。1995 年 5 月，由于工作认真负责，成绩突出，荣任重庆市森林病虫防治检疫站副站长，其后又调至重庆市林业科学研究院任副院长，2006 年回归重庆市森林病虫防治检疫站。任职十九年来，他个人和所负责的工作多次受到国家、省、市各级表彰奖励，特别是 1997 年主持起草并执笔的《重庆市植物检疫条例》(林业部分)及《重庆市森林植物检疫对象和应施检疫的森林植物及其产品名单》，在 1999 年 3 月 26 日重庆市第一届人代会第 15 次常委会审议通过。该《条例》既为全市的森林植物检疫工作提供了法律基础，也为重庆市的森林植物检疫工作争创全国楷模奠定了基础(建立森林植物检疫登记制度为全国先例)。

默默奉献　林业工作创一流

作为林业战线的一名老兵，张文强深深懂得"林业"两个字的含义和分量，那就是认真负责的态度、扎实苦干的精神和坚忍不拔的毅力。

1989 年，重庆主城北部的缙云山出现了严重的竹蝗灾害，致使大面积竹林枯死，经济损失惨重。时任重庆市缙云山保护区副科长的张文强挑起了竹蝗防治的艰巨任务，组织起了“缙云山脉(北碚区、璧山县、缙云山保护区)竹蝗虫害联防指挥部”的技术组，负责竹蝗灾情测报、编制防治技术方案和具体施药控灾的现场指挥。为了向防治指挥部提供准确的蝗灾情报和可行的技术方案建议，每天天蒙蒙亮就能看到他在竹林里工作的身影，一待就是一整天。为了提高工作效率，常常不能往返回家，就吃住在老百姓家中。由于张文强的认真负责和扎实苦干，加上整个技术组的齐心协力，经过 3 年的努力，终于有效地防除了缙云山竹蝗灾害。现在这些竹林已被纳入国家级自然保护区，不仅产生了经济效益和社会效益，更重要的是其所产生的生态效益是无价的，每当看到满山竹翠，他都会感到十分骄傲，他说再苦再累都值得。

云阳县长江两岸柏木林是响应 1958 年毛主席视察时号召栽植的，被誉为“领袖林”，多年来一直被柏木叶蜂侵蚀，虽然进行了人工地面补充施药防治，但由于山高坡陡、地形、地势复杂、杂草丛生使得地面施药难以彻底，叶峰危害一直未能消除。面对这一难题，张文强带头长期深入一线开展调查研究和防治试验，认真总结、分析、思考云阳县长

虫情调查

江防护林柏木叶蜂虫灾防控工作的经验教训，积极建议、促成引进轻型直升机施药防治技术。当时，由于宣传不到位，群众认识偏差，飞防初期遇到了很多阻力，张文强面对多方面的压力，带领森防站一班人，共同商讨，提出了“一抓宣传，二抓规划，三抓飞防”的实施办法。首先从宣传政策、发动群众入手，走村入户，认真宣传飞机防治病虫害的利弊，解除了群众对飞机施药防治的顾虑，变抵制行为为自觉配合行动，为飞防顺利实施创造了条件；其次从调查研究，实地考察入手，搞好作业规划。森防站的技术人员在张文强的带领下，顶风冒雨，不分昼夜，走遍了云阳县领袖林的各个角落，白天实地看，晚上定方案，广泛征求大家意见。三是从飞防质量和作业标准入手，要求飞机防治一定要严格按照作业规划，必须做到真实、可靠、准确无误。张文强每天早出晚归，坚持和工作组一起上山，一起收工。2010 年 6 月的一天下午，正在飞防现场指挥的张文强突然晕倒在药品运输车前，大家急忙把他送往医院救治，医生确诊为中风。这时大家才了解到，原来张文强同志一直患有高血压，本来就不适应高强度的室外工作，但是为了确保此次飞机防治顺利完成，他毅然坚守在第一线。由于当天天气太热加之昼夜劳累，52 岁的张文强倒下了！经过抢救虽然度过了生命危险期，却还是留下了中风后遗症，至今左手仍使不上劲。医生建议出院后进行一段时间的康复修养，可刚刚出院的张文强却等不及，又出现在飞防工地。人非圣人，孰能无情，在场的干部群众无不为之感动。通过 2010 年和 2011 年连续两年成功实施应用轻型直升机在长江沿岸开展柏木叶蜂防治作业，首次实现了全面有效地控制云阳县长江防护林持续近 20 年柏木叶蜂虫灾，解决了困扰国家林业局、重庆市政府、市林业局、云阳县委县政府 15 年的云阳长防林柏木叶蜂虫灾防控难题，同时也为我市在低山丘陵区推广应用轻型直升机防治森林病虫害积累了经验。

求真务实　助推行业发展

森林病虫害是“无烟的森林火灾”，一旦发生，造成的损失不可估量。为此，张文强作为重庆市森防站的常务副站长，承担起了林业有害生物防治目标管理、监测预报管理、森防体系建设、松材线虫病等重大有害生物工程治理等工作。他经常深入一线调研和检查指导工作，及时全面准确掌握全市的松材线虫病疫情动态，科学合理地提出防控技术措施建议，为各级领导科学决策提供可靠依据和合理化建议。充分结合生产实际加强和规范行业管理，起草和参与制订出台了《重庆市人民政府关于进一步加强林业有害生物防治工作的意见》等多个政府和部门管理文件，协助局、站确立了全市森防发展思路和林业有害生物防治“五项制度”，为依法防治奠定了基础。助推重庆市森防工作名列全国森防前列，主要工作经验被国家林业局造林司和森防总站汇编为“重庆经验”，在全行业推广。

强化科技　保护生态安全

张文强还十分注重科研的开发和应用。为了改变“年年种树不见树”的状况，他根据多年的造林经验，担任起了乌江峡谷瘠薄地植被重建试验示范技术研究（市林业局课题）组长，负责试验方案设计，制定课题实施方案，组织并参加乌江峡谷植被、土壤调查及成因分析，影响造林成活的主要因素分析，造林树种筛选及育苗与造林技术研究，审核成果报告。该项目通过专家组验收，并作为科技成果在市科委登记。该成果已在乌江峡谷瘠薄地植被恢复中被大面积推广。同时他还组织实施了松材线虫病、小蠹虫、柏木叶蜂等多个国家、市级森防工程，覆盖森林面积近1000万亩，筛选出一系列适合三峡库区大面积防治使用的生物、无公害药剂，广泛地宣传了“控制化学农药、提倡无公害防治”“保护生物多样性”等人与自然和谐发展的理念，有效保护了全市森林和库区生态安全。

辛苦的付出，换来的是丰厚的回报。张文强同志主持的重庆地区大熊猫主食竹－苦竹人工造林试验研究1995获重庆市第二届林业科技进步一等奖；缙云山风灾迹地珍稀濒危植物挽救和保护措施研究1993年获重庆市科技进步三等奖；亚热带主要竹类资源收集整理利用研究1997年获重庆市林业科技进步三等奖；优良树种组织培养及容器育苗技术研究获2004年市林业科技进步三等奖；苗木快繁工厂化育苗机技术试验示范（主研）获2006年市政府科技进步三等奖；他本人亦多次被市林业局和市森防站评为“优秀工作者”，同时也赢得了群众的信赖和支持。如今，已是处级调研员的他依然活跃在森防战线前沿。他说，只要自己还有劲，就要为森防事业贡献战斗到最后。

甘做深山啄木鸟

——记四川省泸县林业局森防检疫站华启尧

像一片绿叶，平凡朴素，甘于奉献；像一只啄木鸟，默默无闻，执著忠诚。过早的白发和深深的皱纹，记录了他30年的艰辛与执著，他就是四川省泸县林业局森防检疫站职工华启尧。

他在林业战线工作了30年，森防检疫工作就干了20年，多次获得国家、省、市、县先进个人称号和科技奖励。2010年获国家林业局森林病虫害防治总站表彰的村级森防员培训先进个人，2011年获全国绿化委员会和国家林业局表彰的全国森防先进个人。

扎根森防　踏遍青山洒真情

自从1993年领到专职检疫员证起，他就与森防检疫工作结下了不解之缘。为了大自然每点绿色不致受到病虫的危害，他甘做深山的“啄木鸟”。

20年来，为了森林健康，他攀登高山陡坡，翻越悬崖绝壁设置标准地，认真仔细调查森林病虫害的发生发展和危害状况。为了把标准地做完，有时要很晚才摸着黑下山，不但要忍受蚊虫叮咬，还要避开荆棘毒蛇。春防季节阴雨绵绵，湿了衣裤经常感冒；秋防季节烈日当头，酷暑难受时常中暑。这些都不能动摇他投身森防事业的决心。

他无私奉献，总是把工作放在第一位。有一次突然接到报告，牛滩镇坳田村蒋某的巨桉林受病虫为害严重。他立即前往病虫害发生地，经他仔细检查，该林木是受了柳扁蛾和云斑白条天牛危害致死。“此两种虫害都是林业危险性有害生物，具有危害性大，防治困难的特点，必须马上采取措施除治。”他立即通知镇上的林业干部，购买农药和必需工具，指导林主并同林主一起动手对害虫进行除治。

设置诱木

可是又有谁知道，此时他女儿正因感冒发烧在医院输液，爱人又远在泸县人民政府驻广东办事处工作。当他处理完现场带着疲惫和满身的农药味来到医院时，女儿已经睡过去了，此时此景他深感内疚。

常年无规律的生活和艰苦的环境，他患上甲型肝炎、甲亢等多种疾病，三次住院。就在第二次患甲亢住院的前夕，接到县林场报告五尖山林区突然出现成片死松树，很像松材线虫病症状。疫情就是命令，他立即前往调查取样。病情恶化的他是被工区胡主任搀扶着上山的，结果表明松林发生松材线虫病疑似松树危害，在他带领下，林场职工对这些松林发生松材线虫病疑似松树进行销毁，避免了灾害的扩展蔓延。

自从1996年以来，他根据各类林业有害生物的生物学特性和生长发育规律，有针对性地采取各类防治措施指导全县防治100.8万亩，防治率97.57%。其中人工防治53.32万亩，仿生制剂防治9.76万亩，天敌昆虫（川硬皮肿腿蜂和花绒寄甲）防治19.23万亩，生物病毒防治7.17亩，其他措施防治11.32万亩，无公害防治率75.07%，减少木材蓄积损失5.16万立方米，挽回木材储蓄性经济损失1176.48万元，产生生态效益1.53亿元。

勇于创新　森防工作结硕果

“以前，森防站只有一台老式的光学显微镜，而且镜片都是模糊的，是他把县森防检疫站建成了国家级森林病虫害中心测报点和森防检疫标准站。”县林业局局长赵柱权赞叹道。

在国家和省市主管部门的支持下，森防检疫站添置检疫车、数字生物显微镜、光控全自动虫情测报灯、恒湿恒温培养箱、超净工作台等先进设备，在泸州全市率先基本实现了森防检疫手段的现代化。

他在林业有害生物调查监测方法上大胆创新。在全县建立起县、镇(林场)、村(工区)三级测报网络，对全县50.96万亩森林的林业有害生物发生情况实施全方位的监控。他创制的松毛虫中心测报点工作程序、具体做法及其多媒体，曾三次在全省森林病虫害监测预警工作会上交流。

依靠科技进步在调查防治技术上创新。他积极引进新技术开展试验研究，先后开展了松毛虫性引诱剂引诱松毛虫成虫试验，松墨天牛引诱剂引诱松墨天牛成虫试验，诱木诱集松墨天牛成虫试验和大面积推广应用，光控诱虫灯诱虫试验，与省林科院开展舞毒蛾生物病毒防治试验，与四川农大、省森防检疫总站、泸州市林业局、泸县林场一起开展川硬皮肿腿蜂防治杉天牛扩展工程试验均获得了成功，其中舞毒蛾生物病毒防治试验获省政府科技进步三等奖，川硬皮肿腿蜂防治杉天牛试验获省政府科技进步二等奖。

他积极引进和应用先进防治技术，积极推广无公害防治，曾先后在全县开展了川硬皮肿蜂防治杉天牛工程，川硬皮肿腿蜂防治花椒虎天牛，NPV核型多角体病毒防治舞毒蛾和CPV质型多角体病毒防治松毛虫工程，用灭幼脲防治鳞翅目害虫，采用这些生物(制剂)和仿生农药防治森林病虫害，既不污染环境，又保护了生态平衡。

他极力开展森防检疫知识的推广和普及。近年来，多次制作幻灯片、视频等影像资料，对全县的护林员、重点林区村主任进行森林病虫害防治知识、泸县常见病虫害的识别与防治技术培训，对木竹经营加工户等涉木单位进行检疫识别和检疫法律法规的培训。并把资料制作成多媒体挂在网页上供大家学习、查询。截至目前，已有超过4万之众登录过该网面。

他是一个爱岗敬业的人，无论什么岗位，他都能做出突出的成绩，有很好的口碑。1986年2月，他组织完成了泸县林场森林资源二类调查工作，为开展全场林业规划、编制森林经营方案，实现青山常在、永续利用提供科学依据。该项成果获得泸县人民政府科技成果二等奖，并于1989年获四川省林业厅“全省重点林区森林资源二类调查”二等奖。

（邓宏　曾佐然）

风中摇曳的空衣袖

——记贵州省平坝县国家级华山松良种场森防员杨崇献

走进平坝县华山松良种场，总能看到一位衣着朴素，说话和蔼，却忙忙碌碌的中年残疾人，他就是华山松良种场一位普普通通的森防员——杨崇献。“崇献”，人如其名，崇尚事业，默默奉献，正是他一生的写照。

杨崇献，现年48岁，共产党员，残疾退伍军人。在部队一次执行任务时，身受重伤，失去了一只胳膊，荣立三等功。1990年从部队转业后，分配到国家级华山松良种基地当起了一名森防护林人员。22年来，他独臂在深山中，为该场千余亩华山松林踏查防护默默地奉献着……

华山松良种场位于贵州省平坝县高峰镇最偏远的窑上村，距离平坝县城34公里，始建于1958年，是国家级华山松良种基地。多年来，该场主要从事华山松良种繁育和研究。目前，已成功地繁育出一代华山松良种，正在培育1.5代华山松良种种子园，该场为华山松良种培育和华山松良种基因保存提供了大量的科研数据。

杨崇献作为华山松良种场的一名森防员，他最喜欢的工作就是护林，他告诉笔者：他将“三分种、七分管”的护林理念深化为“一分种、九分管”，森林“三防”是森林资源管护中的重中之重，而森林病虫害又有着“不冒烟的森林火灾”之称，做好森林病虫害普查、监测和除治工作，加大对松林的监测力度，确保早发现，早除治，对于国家级华山松良种场来说显得更加重要，如果病虫害大发生，将会导致大面积森林资源损失，更重要的是几代人艰苦努力的科研成果将毁于一旦。

每年的越冬代调查、春秋季普查时，杨崇献总是沿着林间小道，穿行在茂密的树林里，时而走走停停，时而左顾右盼，时而取出笔记本写写画画，对整片华山松良种母树和采穗圃树木的健康状况进行记录。对固定样地进行详细调查，并将调查数据与上一年度的调查数据进行分析、对比。对松树枯死木作标记，便于开展枯死木清理，并对枯死木取样送县森防站进行镜检。将每天巡山所见到的昆虫、森林病害种类记下并采集制作标本。为防治松褐天牛，每年场里需悬挂大量的诱捕器，每两天需对诱捕器进行一次观察，记录虫口数量。每周更换诱捕器的药物一次，不管刮风下雨，他从未间断过。尽管设备简陋，但他却一如既往地进行着常规的观察与防治工作，这对于一个残疾人，其艰辛可想而知。多年来，华山松良种场未发生大的森林病虫害，有人认为是正常的，但是作为业内人都知道这是杨崇献同志辛勤劳动的成果。这一株株、一片片茁壮成长的华山松良种母树林就是对他工作成绩的肯定，是对他辛勤劳动的慰藉！

虫情调查

走进杨崇献的护林办公室，首先映入眼帘的是办公桌上放着的一个个罐头瓶和一节节干枯的树木。他告诉笔者，罐头瓶中装的是用酒精浸泡的各种昆虫标本，干枯的树木是用来培养昆虫幼虫的培养木，这些都是他在巡山时采集回来的。桌上放着几本笔记本，上面记着密密麻麻的巡山记录。这一幕幕再次深深地感动了我们，这是多少身体健康的森防员都做不到的事啊，而他却做到了！

自从走进平坝县华山松良种场的那天起，杨崇献就把这里当成了自己的“家”，常常几个月，甚至半年不回家一次。因为心中只有良种场这个“家”，多年来，杨崇献无暇照顾家中务农的妻子和小孩，小孩初中后就辍学在家务农了。对此他常常感到内疚和惭愧。

华山松良种场离市场较远，不能及时买到新鲜的蔬菜，很多时候杨崇献都是用咸菜拌饭吃，防火期连饭都顾不上吃。在巡山途中，渴了就喝山泉水，饿了就吃点随身携带的干粮。由于长时间生活简单，加之超负荷地工作，导致他的健康每况愈下，40 多岁的人看上去像 60 多岁一样。场里的领导和同志们看在眼里，痛在心里，时常顺便从市场上给他带来一些新鲜的蔬菜。为此，他常常感激得热泪盈眶。他常说：“如果我不把工作做好，就对不起领导和同志们的关怀。”

2012 年 4 月 4 日，杨崇献因在春季踏查途中不慎摔倒，导致左手受伤，右脚骨折，在平坝县三〇三医院住院治疗了近两个月。然而，他从未向组织提出任何要求，在身体基本康复后，又立即拖着带伤的身体回到华山松良种场，开始了他忙忙碌碌的护林和森林病虫害防治工作……

因工作勤奋，业绩突出，杨崇献多次被平坝县林业局评为年度先进个人，在年度考核中多次被评为优秀等次。面对殊誉，他总是说：“组织上对我的奖励太重了、太高了！我只是做了我自己的本职工作而已，这些荣誉应该给那些贡献大的同志。”一个残疾人却肩负着与正常人一样的工作，从未因自己是残疾人而向组织提过任何要求，这就是一名普通共产党员崇高的思想境界，这就是一名普通森防员的奉献精神！

22 年来，这位普通的森防员默默行走在良种场的林海之中，独自面对寂寞和孤独，在平凡的工作中，铸就了不平凡的人生。

即将告别杨崇献，这时他看着一片片郁郁葱葱的华山松良种母树，抚摸着高大粗壮的树干感慨地说："20 多年来，我的心血没有白费！"

渐行渐远，杨崇献那只空袖管仍在风中摇曳着，发出的噗噗声打破了树林的寂静……而这一幕，已在华山松良种场的林间小道上演绎了 22 年。

好一朵美丽的苗岭刺梨花

——记贵州省黔南布依族苗族自治州森林病虫防治检疫站刘丽君

“你也是一位医生/将自己的生命/在跋山涉水/风雨兼程之中/播撒成绿色/而每当看到那/绿色的生命/已茁壮成长/理想的翅膀/又在思考着/下一次的飞行”——这首获得“红诗林业”优秀奖的《森林医生》，是黔南州森林病虫防治检疫站刘丽君同志的业余创作，也是一支表达对防治工作无比热爱的心曲，更是她在林业有害生物防治工作的写照和诠释。

刘丽君是土生土长的黔南人，1988 年从西南林学院森保专业毕业后，选择回黔南当一名“森林医生”，就像苗岭刺梨花扮靓着山野一样，对林业有害生物防治工作沉淀着深深的挚爱，守护着黔南森林的健康，为黔南的林业发展和生态安全保驾护航 26 年。通过黔南布依族苗族自治州(以下简称黔南州)林业局培养，刘丽君同志成为了全州防治工作骨干，州检疫站的高级工程师、副站长。

刻苦学习钻研　练就精湛“医疗”技艺

与森保结缘 30 年来，刘丽君同志广泛、深入学习，不断巩固和更新专业知识，并把专业理论和技术知识应用于林业有害生物防治工作中，解决工作中碰到的复杂和疑难问题，不断探索适应黔南州林业有害生物的防治方法，形成本土有害生物防治技术。

为了提高专业能力，通过全国研究生联考，2005 年，刘丽君同志录取为南京林业大学农业推广研究生，并师从全国线虫专家叶建仁教授门下，完成《黔南州松材线虫病预防研究与实践》论文，通过答辩，取得硕士学位，松材线虫病的防控专业水平得到明显提升。

通过学习和实践，不断了解国内外林业有害生物防治工作研究进展和科技发展趋势，掌握防治工作新理论、新技术，并且在林业有害生物防治测报、松材线虫病预防、风险评估等方面颇有深入研究和独到见解，为防治工作夯实了基础。

扎实抓好工作　尽职尽责当好“森林医生”

刘丽君负责全州测报及防治调度、灾害应急管理、实验检疫、法律宣传和技术培训、项目防治、检疫执法、监测预报、信息编写和审核等工作及检疫站文件资料档案管理等工作，每年认真完成编写全州各年度的工作计划、监测方案、越冬调查报告、防治计划、防治预案、趋势预报、松材线虫病监测普查报告、治理项目实施方案、治理项目工作总结、灾害评估报告、检疫执法工作总结、产地检疫报告、目标管理工作

疫情检查

报告、全年工作总结等，深入基层抓好全州林业有害生物防治目标管理。

刘丽君同志长期坚持到林区实地进行监测调查，指导防治工作。特别是不顾山高坡陡、交通不便和外业工作的艰苦，加上单位人员少，常常是忙完外业忙内业，离开此县奔赴彼县。作为女性，刘丽君同志克服了野外工作中生理的不适和困难，努力到一线为林区群众服务。1991年、1999年，黔南州独山县分别发生松茸毒蛾灾害6万亩、4万亩，在两次飞机防治实施中，刘丽君同志专门负责药剂的配制工作，从药剂的毒力测试到飞防每架次用药的配比设计、药剂称量、配制搅拌、飞机加药及后期防效检查，全程参与操作和管理。药剂配制中，不顾农药刺激的气味和对人体危害，身着白大褂、戴着大口罩的刘丽君忙前忙后，一干就是二十多天，直到飞防工作结束，大家都戏称她为“药剂师”和“正义的来福灵”。

刘丽君同志一丝不苟，对县级站上报的线虫样品认真复检，从不放掉任何细节，镜检技术排全州乃至全省前列。2006年以来，鉴定线虫样品837个，制玻片3218片，鉴定结果准确无误。在2008年复检中，准确鉴定出都匀、龙里上报的省外调入的松木制品样品中的“松材线虫”活体，并转报省有害生物鉴定中心和南京林业大学鉴定得到确认，及时采取措施处置，消除松材线虫病疫情隐患，保护松林安全。黔南州都匀、龙里防范工作受到国家林业局和省林业厅通报表扬，真不愧是一位严谨的“检验员”。

发挥传帮带作用　培养众多“赤脚医生”

“一花独放不是春，百花齐放春满园。”刘丽君同志不满足于个人掌握防治技能，还在培训县级检疫员、林业基层人员、村级森防员上下工夫。自编教材采用多媒体教学开展防治培训，提升基层技术力量，引领全州防治工作取得优异成绩。

刘丽君同志制作演示文稿：《林业有害生物防治知识》《林业有害生

物监测调查技术》《松材线虫病防治知识》《林业检疫法规》《本土林业有害生物防治》《林业有害生物治理项目实施技术要点》《检疫行政审批》等，共180多MB，多次到福泉、长顺、荔波、独山、贵定、三都等县(市)培训班授课，培训人员计1465人次。并将PPT材料提供给县级森防站和受训人员。此外，日常通过电话、QQ等方式交流，对县级检疫人员进行防治指导。在培训授课中，除了专业知识，更注重防治工作重要性和职业道德的宣讲，强化人员素质的提升。2010年荣获国家林业局森防总站颁发的“森防员培训先进个人”称号。

潜心研究探索　取得防治科研成果

刘丽君同志认真钻研林业有害生物防治技术，探讨防治方法并取得丰硕研究成果。发表《菊花叶枯线虫病对菊花不同品种的危害分析》(《中国森林病虫》2001年第3期)、《银杏苗木病害初步分析》(《贵州森林病虫》1999和2000期)、《松墨天牛类害虫调查及综合防治》(《绿色科技》2011年02期)、《20%抑食肼乳油防治桂花白星尺蛾试验初报》(《中国森林病虫》2014年第3期)、《桂花食叶害虫白星尺蛾生活习性及防治试验》(《中国农业信息》2014年3月上期)等论文21篇，交流论文6篇。

此外，近几年来主持或参加完成中央财政投资的萧氏松茎象、松褐天牛、松毛虫治理项目，执笔编写项目方案、项目技术报告；主持国家林业局、省林业厅统一部署的各项有害生物专题调查工作，完成了美国白蛾、枣实蝇、悬铃木方翅网蝽、杉木短须螟、红棕象甲及主要经济林用材林有害生物专题调查方案及工作技术报告；参加起草了贵州省黔南州地方标准《刺梨无公害栽培技术规程》，编写《黔南州刺梨主要病虫害无公害防治》《黔南州刺梨主要病虫害监测预报办法》《黔南州工业原料林基地林业有害生物防治技术》《黔南州林业有害生物应急预案》(修订案)及年度《黔南州松材线虫病防治预案》等材料。

坚持文学创作　彰显和弘扬“森防精神”

刘丽君同志通过多读、多问、多写、多改、多总结，认真创作编写森防文章和信息。在森防宣传报道工作中，大力宣传黔南州及林业有害生物防治工作的思想理念、做法、措施，引起社会广泛关注，彰显防治工作意义，积极推动黔南州生态文明建设。

创作文章《防控林业有害生物 确保黔南森林健康》《我们奋斗在森保线上》《喜看苗岭绿更浓》《林业有害生物测报战线上的前哨》发表在《中国林业》《贵州森林病虫》等刊物上。创作《森林医生》荣获全国“林业红诗”优秀奖，《“森林狼”的精神》荣获全国“森防人与森防事”征文优秀奖 。微型小说《聆听两线虫的对白》参加全国“啄木鸟”森防宣传系列征文活动，强力宣传林业有害生物防治工作及典型人物。

刘丽君同志从 2004 年起就编写森防信息，成为全省通讯员“元老”。10 年间，编写林业有害生物防治工作信息 900 多条被中国林业网、中国森防信息网、贵州林业厅网、黔南州政务信息采用，列全省前茅。2012 年被省站评选为森防宣传报道工作“先进个人”，多次被州林业局评为“全州林业系统优秀信息员”。对各县市森检站通讯员进行森防信息写作培训，修改审核各县森防信息 近 1000 条上报发表。

信奉业精于勤　“森林医生”岗位建功立业

刘丽君同志经常加班加点忙调查、做实验、搞镜检、写材料，通过长期磨砺，熟练掌握本行业技术、科技前沿知识，解决森防工作复杂和疑难问题，以防治工作确保林业生态、社会、经济效益。因此刘丽君同志被省林业厅表彰为防治工作“先进个人”和“绿十字”奖、被黔南州总工会表彰为“黔南州女职工建功立业标兵”、多次荣获州林业局 “先进工作者”、州林业局机关党委 “优秀共产党员”。在全省林业有害生物防治目标考核工作中，为黔南州 2009 年荣获第 3 名、2010 年、2011 年荣获第 2 名，2012 年荣获第 1 名做出突出贡献。

“好花红，好花好，好花开在刺梨蓬”，黔南布依民歌通过刺梨花开的美丽，演绎了苗岭人对人生美好赞誉和追求，如今年已半百的刘丽君同志为黔南的森防事业奋斗了 26 个春秋，虽黑发渐白、皱纹已显、行不再敏，但这都掩饰不了一个“森林医生”的美丽，这是来自于心灵深处的美，犹如一朵盛开的刺梨花，那就是好花逢时开不败，时刻向阳花更美。

与昆虫打交道的人

——记贵州省安顺市森防站翟鸣

他总说自己很平凡，可平凡的点点滴滴汇聚了森林医生为之贡献的事业；

他总说自己就是喜欢，可不是谁都能把爱好和事业合二为一，坚持多年不动摇；

他说自己懂的还不够多，可是20余年始终如一保持对事业的学习热情不减；

在工作中享受爱好带来的种种乐趣，在乐趣中探索工作中遇到的种种谜题，越深入越是好奇，越好奇越是痴迷，多年的工作积累带给他的不仅是学识上的逐渐丰富，更让他获得了2014年国家林业局森防总站授予“最美森林医生”的荣誉称号，他就是安顺市林业局森林植物检疫站副站长翟鸣。

1997年春，翟鸣到关岭自治县板贵乡参加党建扶贫。在了解到当地群众种植的柑橘树受到病虫危害，产量受影响，经济收入不如从前后，翟鸣发挥自己的专长，经过认真诊断，确定产量低源于柑橘脚腐病。他自己买药送给群众开展防治，不仅治愈了病害，也为当地果农挽回了经济损失。靠所学帮助村民解决真真切切的问题，翟鸣对自己的所学有了实实在在不一样的感受。

少年时，翟鸣就对研究形形色色的昆虫钟爱有加。1992年从西南林学院森保专业毕业后，翟鸣学以致用，把对昆虫的喜爱彻彻底底融入了自己的生活工作中。“别人闲来无聊时，都喜欢玩玩游戏、浏览网页什么的，他就是喜欢抱着那几本昆虫专著颠来倒去地看。”对于身边同事、朋友对自己的这个评价，翟鸣很是不习惯，从没觉得自己和别人有什么不同，只是对昆虫特别感兴趣。

虫情调查

知识技能过硬、工作兢兢业业是翟鸣经常被请到各县（区）、乡（镇）“开处方”的重要原因。作为安顺市森防领域的本土专家，哪里有树病了、哪里有树死了，哪里的基层林业工作者就会主动向翟鸣请教。要是遇到翟鸣认识的昆虫引起的病虫害，他当场就能“开处方”，要是遇到不认识的，不查出原因他绝不假手他人，“我知道它大概是哪一个目的，我回去查资料一定把它鉴别出来。”通过翻阅大量森林昆虫专著，搜寻网络海量森林昆虫信息，直到找到引起病虫害的根源，他才稍微停下脚步，开处方，看疗效，跟踪治疗过程，也用实践见证自己专业技能的每一步成长。

“去年，街上的行道树突然发生不知名的病虫害，一下子死了十来棵，多亏了翟站长来帮我们诊断，查出了原因。”7 月 7 日，为巩固去年的防治成果，紫云自治县林业局森防技术人员梁勇专程来向翟鸣咨询，

“那些虫子我们都不认识，还是翟站长开的‘药方’，治疗效果好，今年情况比去年好得太多了，希望今年新种上的树子不会发生病虫害了。”

“昆虫种类繁多，仅一个鞘翅目就有上百万种昆虫，连研究昆虫分类的人都不一定能够全部认识，所以，实地鉴别林业有害生物，不仅是一个学习的过程，也是一个传授经验的过程。”显微镜的使用、标本的制作、枯死松木的取样、样地的设置、镜检的操作程序、诱捕器的挂放、病虫害的识别等等，翟鸣边示范边教学，有时基层林业工作者一次学不会，他就不厌其烦地一次次演示，直到教会每一位为止。

森林资源对于生态环境来说十分珍贵，而生态平衡与否，直接决定生活环境好坏。目前，全市森林资源 459 万亩，其中，松林面积 58 万亩。自 2000 年起，安顺市森林植物检疫站相继承担云南松毛虫工程治理、双条杉天牛工程治理、松材线虫病预防(含松褐天牛防治)、杉木短须螟治理等国家级、省级重点林业有害生物治理工程项目。作为项目技术负责人，翟鸣除主持编写实施方案、自查报告、技术报告、工作总结外，还经常深入到山头林间，采集病虫标本，指导基层开展治理工作，解决治理过程中出现的问题。

预防与防治工作，能做到及时发现、及时控制是关键。翟鸣对林业有害生物防治新技术的推广应用也十分关注。20 余年来，他秉承“尽量少用化学农药”的工作信条，着力于推广无公害防治，先后积极推广应用“生物导弹”、cpv 病毒、白僵菌、管氏肿腿蜂、黑光灯等生物防治、物理防治新技术。

“不能把上千亩的林子看丢了。”林业有害生物引起的病虫害，素来有“不冒烟的火灾”之说。多年来，为做好林业有害生物的预防和监控工作，在每年林业有害生物越冬代调查、松材线虫病春、秋季普查、检疫执法等工作期间，翟鸣带着森防技术人员深入林区实地诊断病情，制作昆虫标本鉴别种类，走访各地摩托车木质包装材料。“林业有害生物防治意义重大，必须多学多看，多到基层，多入林区。”

作为一名“森林医生”，翟鸣希望，广大群众多关注森林保护工作，爱护森林环境，特别是对近年来全市面临松材线虫病威胁，希望广大经销商尽量购买使用木质以外包装材料的物品，一旦发现木材异常，欢迎向当地检疫部门及时提供线索，保护林子健康，就是保护生态环境平衡。

大山深处森林天使 默默无闻奉献林农

——记陕西省铜川市耀州区森防工作者刘跟年

刘跟年，男，汉族，1964年12月出生于陕西关中大地一个普通的农民家庭。少年时期，家乡的落后激起了他对知识的渴望和追求，生活的艰辛练就了他坚韧的性格和不屈不挠的精神，1985年以优异成绩考入西北林学院森保专业，毕业后一直从事森防工作。2002年加入中国共产党，同年任铜川市耀州区森防站站长至今。初次见到他，稍显瘦弱的身材，给人文质彬彬的感觉，言谈举止间无不透露着刚毅和自信的神态。熟悉刘跟年的人无不从“德、能、勤、绩”诸多方面对他赞不绝口，以至于区林业局每每有大型业务活动，总有他挑起一根大梁，这样领导放心、安心，配合他的同事省心、顺心。他主持的铜川市耀州区森防站为市、区林业战线上的一枝奇葩，连续12年被评为区林业系统先进单位，除此之外，还先后分管重点公益林管护、集体公益林管护、林业宣传培训、案件鉴定、资源评估、退耕还林后续产业、干杂果合作社社会化服务、古树名木调查鉴定和管护等重要工作。凭着高度的责任心和对工作的执著精神，连年出色完成上级下达的各项任务，2003～2008年连续六年被评为林业系统先进个人。2010年、2013年被耀州区考核领导小组评为优秀领导干部，2008年被评为全省林业有害生物宣传工作先进个人。2007年被评为全国林业有害生物预测预报工作先进个人。2011年被全国绿化委员会、国家林业局评为“十一五”期间林业有害生物防控工作先进个人。撰写论文8篇，发表5篇，获奖3篇，编写林业有害生物书籍3册。先后被推荐为区级森林资源鉴定和市级古树名木评估专家。

测报工作　注重实效

科学测报，据实记录是林业有害生物监测预警的基础，科班出身的刘跟年深知这一点。为了扭转“重防治　轻测报”的不合理观念，每遇防治工作时期，亲临现场必先讲解测报工作、认识测报工作直至重视测报工作，只有这样才能防患于未然，加之多年来媒体关注，不断增强了广大干部群众开展查防工作的自觉性、责任感和紧迫感，为病虫害防治工作打下了坚实的群众思想基础。

虫情调查

2006年初夏时节，一大早，耀州区国有柳林林场场长寇玉利、杏树坪工区主任文高盈火急火燎地来到区林业局报告，国有柳林林场发生虫害，虫情预警就是命令，刘跟年随即一同前往查看虫害发生情况，是松稍螟危害。随后的几个月里，他和柳林林场副场长刘斌、业务科曹利国、赵勇刚，杏树坪工区主任文高盈等跑遍了核桃峪、崔家沟、翁沟的每个角落进行虫情测报，现地绘制松稍螟发生、标准地和线路现状图，同时还指导技术人员在关键地区设立11块标准地进行系统观察，详细记录虫态、时间、气象等关键因子，每天完成14个小时计4个批次的观测记录数据。同志们都说：刘站长太认真了，一样数据何必天天记录，三个月后，三套数据图纸出来以后，大家纷纷竖起了大拇指，恰恰就是他对测报工作的“认真”和“执著”，为以后松稍螟治理方案的制订积累了宝贵的数据。第二年松稍螟再次大发生时，按照既定方案，加上提前组织了机械，储备了农药，人员培训到位，林区虫害治理工作井然有序，防治面积达3200余亩，确保了国家天保工程安然无恙。

无公害治理　独具特色

在广大林农的心里，刘跟年是耀州区林业有害生物治理的专家，指导一线病虫防治工作的能手。2013年，铜川市药王山景区发生柏大蚜危害，发生面积达2100亩，很短时间内，景区水泥路上、大理石台阶、林间小路上，甚至停留的车辆上都布满了柏大蚜分泌的“蜜露”，水泥地面像是“水浸”了一般。一时间，游客投诉激增，抱怨声不绝于耳，景区管理局领导干部心急如焚，管理科长付洪涛、李耀州如坐针毡，刘跟年临危受命，虽然蚜虫的治理对于他来说是轻车熟路，但景区治理柏大蚜还是第一次，一连三天他吃住在林区，按照柏大蚜的危害程度进行分级、观察游客游览时间表确定筛选作业时间、无公害治理药物和机械，形成了一套完整的技术方案。在正常接待游客的情况下，仅用两天就解决了柏大蚜的危害问题，景区再次恢复正常秩序，领导亲切地送他森林“啄木鸟”称号。十余年来，他经常和林农打成一片，不断总结更新林业有害生物无公害治理的方法和措施，防治手段上：全部使用无公害手段，推广超低容量喷雾、打孔注药、毒签、烟雾剂、招引益鸟、诱虫笼等达到标本兼治的目的；防治药物上提倡使用生物制剂，重点推出苦参碱、阿维菌素、灭幼脲、绿色威雷、信息素引诱剂、吡虫啉等生物或仿生制剂，达到无公害治理的目的；在防治策略上，坚持走以营林措施为主，人工、物理等方法兼顾，药物防治为辅的路子。综合治理思路上，政策引导，坚持以合作化为主，专业队为辅的路子，先后成立农村合作化组织20余个，借鉴耀州区森林防火“扑火队”工作经验和运作模式，按照林种、林相、地域和功能划分，有针对性地成立五个林业有害生物“防治专业队”，其中，国有林区“防治专业队”2支，主要处置、遏制后塬天保林区以油松、刺槐为主的病虫害发生；景区林“防治专业队”和经济林“防治专业队”，以“耀州区干鲜果合作社”为依托，采用临时抽调、聘用、雇佣等办法成立专业队；集体林成立“耀州区集体林管理站”，招收管护人员52名，集体林木始终处于监控状态，对集体林实施有针对性的管护治理。

他还及时建议通过树种改良，提高林木抗性、降低越冬基数、避免交叉传染达到灾害控制目的。仅每年“冬春管理”面积就达到36万亩；在群防群治工作中，全部推广无公害环保型生物制剂，不断扩大人工物理防治范围。无公害防治率达90.3%，食叶害虫全部实现生物防治。及时主动建议主管部门，逐步调整林种、树种结构，引进抗病虫免疫树种更新，从根本上增加了林木抵抗病虫害的能力，大大降低了森林病虫害的发生率，有力维护了耀州区造林绿化成果安全。

古树名木　复壮有方

耀州区古树名木种类繁多，历史悠久，具有重要的政治、经济、军事、文化和科研价值。2007年8月21日，刘跟年和时任区政协副主席雷天启、林业局局长董军锁到关庄镇池家庄村下乡，村上几位老人赶来反映：村上的一颗神树（古树－软枣树）近年来树势越来越差，不知道是啥原因，树木上有了病虫也不懂施治的方法，回来的路上，雷主席也反映了其他村子、景区古树的一些情况。第二天区林业局召开了局党委会议，专题研究古树名木调查保护工作，研究确定此项工作的合适人选，望着领导们恳求和期望的眼光，刘跟年主动请缨，担此重任。2007年8月底，车辆设备和调查组到位，2007年9月至2008年2月底，完成摸底工作，2008年3月刘跟年带领调查组深入现地，从树木枝叶、主干、根部、生境入手，不断研究探索古树名木病虫害治理工作，至

2008年7月完成外业工作。年底，雷主席专门致电区委考核组感谢林业局对耀州区内每棵古树名木制定病虫害治理及复壮措施。此次调查共深入12个乡镇、156个村组，行程7千余公里，拿到第一手数据300余套，拍摄照片1500余张，为实施复壮措施，出版画册一本，其中：国家一级古树41株，国家二级古树235株，国家三级古树33株。几个月下来车辆几经修理，仅车轮就换了2茬，由于没日没夜的工作，人整整瘦了10余斤。当年8月的杨凌同学聚会，大家看到他尽现诧异的神色，但幸福的成就感依然洋溢在他和同事们心中。

产业发展　注重实效

2008年，正值耀州区开展“为民服务零距离　果业富民争先锋”活动，7月12日，刘跟年、区林业局总工程师姚守良和时任林业站长王忠厚、关庄干杂果合作社主任宋战军在寺沟镇吕坡村查看柿子黑星病和柿蒂虫发生与治理情况，宋战军主任坦言：“现在干杂果栽植管理和销售问题都不大，关键是遇到病虫危害我们就傻了眼”，一席话深深刺痛了争强好胜的刘跟年，心里暗自思索：就局系统而言，咱啥时落过伍，更不用说那是你的本职工作了，倍感无地自容，发誓做好干杂果有害生物查防工作。

说到做到，为了做好耀州区干杂果经济林支柱产业，必须抢抓机遇，做一个产业发展的“守护神”。

首先是以耀州区经济林病虫害治理为切入点，深入耀州区重点乡镇、村组和国有林区，“一病一虫　现地指导”，在基层林业干部积极配合下，刘站长和同事们不分白天与黑夜详细记载病虫害特征，详细观察生物学习性，制定切实可行的防治方法，病虫治理过程中和林农积极互动，发展“土专家”100人，培训林农5000多人次，破解了产业发展的众多难题，先后建立天然林、人工林、经济林、景区林等病虫害治理科技示范点23处，面积3.6万亩。这一做法得到了林农的踊跃参与和区委农村工作部门的高度称赞。

其次是解决林农林业有害生物识别、生物学特性、防治方法问题，经过近 4 个月的不懈努力，几乎跑遍了耀州所有林区乡镇，树种林种无一遗漏，两易其稿，《耀州区经济林有害生物查防图说》终于编印刊发，涉及种类 76 种，附插图 148 张，其中 116 张为他现场拍摄，2008 年年底，书籍已经发至林农手中，现地指导，增加果农收入。

第三是利用耀州区森林网络医院，坚持“一病一虫”施治原则。在区委、区政府的正确领导下，通过培训考核选拔乡土管理人才，依靠“耀州区干鲜果合作社”为依托提升果品数量和质量，全面实施“果业富民”战略，经过不懈努力，干杂果经济林总面积已达到 60. 8 万亩，解决了花椒果子不大、核桃果品不亮、柿子落果等困扰经济林产业发展的难题，种植布局已覆盖全区，形成了北部山区核桃“四镇二带十村”，中部塬区花椒“五乡镇十村”，前塬川道柿子“三镇六村”的格局，产值达到 1. 52 亿元。把“小杂果”做成了“大产业”。

展卫士风采　保森林平安

——记陕西省咸阳市森防站党齐域

初见党齐域时，就感到他是一个了不起的关中汉子。熟悉党齐域的人都了解他工作起来有一个显著特点，就是工作节奏快、责任心、事业心和原则性强、标准要求高，就连走起路来都是连颠带跑，为此，领导、同志们送他一个“工作狂”的绰号。

就是这位干起工作不分白天昼夜，节假日也不休息的“工作狂”，却和他的同行们一起经过二十多年的努力，在咸阳市的礼泉、乾县，随后在武功县、秦都区和兴平市相继圆满完成了国家、省下达的查防扑灭美国白蛾的目标任务。尤其是2008年8月下旬，陕西省林业厅组织西北农林科技大学、各地市森防站的有关专家组成“美国白蛾检查验收组”，深入到咸阳的兴平、秦都、礼泉、乾县和武功等5个县市区，对25个乡镇130多个美国白蛾原发生村及周围村美国白蛾防治与监测情况进行检查，均未发现美国白蛾任何虫态，实现了国家、省下达的查防扑灭目标任务。于是，国家林业局于11月17日发布公告，撤销了咸阳的兴平市最后一个美国白蛾疫区，也就是说国际检疫性害虫——美国白蛾，在长达24年对树木的危害，经过森防人长期不懈的努力防治之后，已在咸阳市境内彻底灭绝！同时，也标志着它在陕西省境内彻底灭绝！

值得可歌可泣，令省、市林业主管部门及其森林病虫害防治机构和有关县各级政府的领导、专家及同志们振奋不已。这长达24年坚苦卓绝的美国白蛾防治工作，凝聚着党齐域与他的同行们的心血和汗水。他从一个防蛾的技术能手锻炼成长为一位名副其实的防蛾指挥员，组织、领导和协调全市美国白蛾防治工作，在这场防蛾无硝烟的战斗中发挥着自己的聪明才智，为咸阳市实现扑灭美国白蛾做出了贡献，并且获得了国家林业局授予的全国美国白蛾防治先进个人荣誉。同时，咸阳市林业局、兴平市农业局和翟群普、张岩、赵团结、窦永琛也分别获得了国家林业局授予的美国白蛾防治先进集体、先进个人荣誉。

1984 年，时值深秋的武功县，田野上、村庄里秋意浓深。阵阵秋风，夹杂着各种成熟果实的芳香，使人心旷神怡。然而就在这遍地秋色、令人陶醉的时刻，县森林病虫害防治站的技术人员在普查林木病虫害时结合小村镇村民的反映，在位于这个镇的 5702 工厂和周边乡村发现了一种严重取食农作物、蔬菜及树木叶片的食叶害虫。当时这一地区树叶被啃食一光，白色如蜘蛛网一般的网幕将被害树罩了起来，密密麻麻的害虫，数量惊人，而且到处乱爬，从窗口、门缝和各种空隙爬进车间、爬上机器、还爬入灶房和卧室等处。害虫树上树下的猖獗危害惨不忍睹！人心恐慌!!

这害虫是啥虫？从何而来？为何来势凶猛？无人知晓，就连基层植保、森防人员也不认识，已开始威胁到农林和企业生产，严重影响了群众生活秩序。后经国家、省有关农林科研院所和西北农林科技大学的专家教授鉴定确认，猖獗危害的害虫是一种外来林业有害生物，属国际性检疫害虫——美国白蛾。于是，武功县按照省市有关要求，在有关专家的指导下，采取各项防治措施、积极展开了美国白蛾的防治工作。周边县也立即行动起来，全面开展美国白蛾普查防治工作，吹响了美国白蛾防治歼灭战的进军号。

1986 年 7 月，党齐域从西北林学院毕业后被分配到咸阳市林业局。当时局领导结合他在校学习森保专业的实际便让他在市森林病虫防治检疫站工作。党齐域到森防站刚报到后便和办公室的同志一起冒着高温酷暑，投身到火热而紧张的美国白蛾查防扑灭工作之中。

万事开头难。党齐域刚参加防蛾工作伊始，他在努力尽快熟悉环境、人员，早日展开工作的同时，还虚心向战斗在防蛾一线的专家省森防总站孙永康高级工程师、市森防站郭保民、王伟平高级工程师和王大臣、张岩、宋信国、刘岁团等技术骨干、防蛾能手学习，进一步明确自己美国白蛾防治的工作职责和工作目标任务，了解掌握美国白蛾查防扑灭技术，尤其是在搞好美国白蛾防治工作进行宣传教育时，通过兴平的翟群普、王真哲、窦永琛，武功的张岩，乾县的刘岁团，礼泉的马养宜，秦都的赵团结等防虫业务骨干组织实施和科学防控美国白蛾的成功范例，向广大扑灭白蛾的工作人员宣传普查、喷药、剪网、再喷药的规范性防控技术，宣传美国白蛾危害高大乔木树种所采取的重新定干截头、修除侧枝，降低树干高度和降低寄主的树叶量成效显著的具体措施。

检查诱捕效果

初到美国白蛾疫区的县、乡镇、村庄进行宣传普查时，陪同党齐域的各县局、森防站及乡镇、村庄的领导和防蛾的业务人员都对党齐域的工作态度、工作方法很难理解，感到他过于认真、仔细了，也过于着急、劳累了，对下属的要求也过于严格了。这些党齐域都看在眼里、记在心上，但却丝毫没有影响和改变他防蛾工作的态度，没有挫伤他防蛾工作的积极性和主动性，反而更加坚定、增强了他防蛾工作的决心和信心。就这样，时间长了，不论是领导、还是同行或者是乡镇、村庄的干部、群众无不为他执著的追求、一心扑在防蛾工作上、任劳任怨、无私奉献的精神所感动。像兴平市农林局翟群普主管局长说的："党齐域非常热爱查防白蛾工作，他认真负责、不知疲倦、全身心的投入，并且勇于吃苦、乐于奉献的精神是值得我们大家学习的。"

1999年7月初，正值酷热的盛夏。街道两旁的柳树像病了似的，叶子挂着层灰土在枝上打着卷；枝条一动也懒得动，无精打采地低垂着。马路上一个水点也没有，干巴巴地发着白光。便道上尘土飞起多高，跟天上的灰气连起来，结成一片毒恶的灰沙阵，烫着行人的脸。处处干燥，处处烫手，处处憋闷，整个城镇、乡村像烧透了的砖窑，使人喘不过气来。然而，党齐域和他的秦都区同行们却仍然坚持着，不知疲倦地下乡镇、穿村庄、走农户、继续进行美国白蛾的普查工作。一天下午由于天气闷热，过于劳累，党齐域完成一天的普查任务骑自行车刚回到家便突然晕倒在地，当时可急坏了在医院工作的妻子李亚利，这时，她不知所措便喊和他一同下乡的邻居王文社一起迅速把他送到医院进行诊治。经过医生诊断认为属天气过于闷热、他自己不注意休息，过于疲劳所致的严重中暑。打打点滴吃点药、注意休息几天就好了，但以后可不能再这样了。

翌日，党齐域和秦都区的同行们一起又出现在白蛾普查工作现场，现场的领导、同志们反复劝说让他回家休息也无济于事，因为这不是党齐域的工作作风，更不是他原有的性格。

为了早日实现咸阳市美国白蛾彻底扑灭目标，党齐域结合武功县农委史建儒主管主任与森防站张岩站长提出的防治白蛾"双轨承包制""技术人员包村承包制"和兴平市农林局翟群普主管局长、森防站王真哲站长、窦永琛副站长成功推行"防蛾包村制"和"悬赏查扑美国白蛾制度"以及秦都区林业站赵团结站长制定的科学有效的查防方案和奖罚措施，成功探索、推广了"连环承包责任制""一票否决承包责任制"和"督查考核责任制"等多种责任制，为全市防蛾工作注入了活力，推动了防蛾工作。

美国白蛾在咸阳市蔓延初期，兴平、武功县是白蛾危害的重点，尤其是这两个县的八个乡镇虫情底子不清，查防往往延误战机。为了抓好虫情最为严重的兴平市的冉村、马嵬、七里镇和赵村这四个乡镇的白蛾查防工作，党齐域主动请战，要求到这四个重点乡镇进行防蛾蹲点，摸清虫情底数，为彻底扑灭白蛾奠定一个坚实的基础。当局领导得知他的想法，同意他到重点乡镇蹲点的请求时，党齐域心里有说不出的高兴。

他一住进这几个乡镇，就负责乡镇、村庄防蛾的日常查防进展情况的督查。在连续三年六代白蛾查防期间，作为一名普通的防蛾督查员的他，为了早日吃透虫情，摸清底数，他骑着自行车，不知艰辛的在这四个乡镇30多个村庄来回穿梭着，加强日常督查，帮助基层发现死角，消灭隐患。每天早晨天不亮出发，晚上天黑才赶回家，大家称他是两头摸黑不见太阳的督查员。1993年6月中旬的一天下午，党齐域和省森防总站任新理、李有忠工程师等从兴平市查防刚回到单位大院，就听见不满4岁的女儿在对面家的阳台上喊爸爸。后来才知道，他忙于下乡照顾不上女儿，其家属李亚利在毗邻单位的215医院任护士长，工作也忙得不可开交，只能抽空回家给女儿弄点吃的，走时把门锁着，女儿独自在家玩耍。这时，在场的任新理工程师让党齐域赶紧先把孩子接过来，别让孩子老喊着。他又对党齐域说，“这事要是放在国外是要犯法的，是限制女儿的自由。”实际上，这件事对党齐域来说已经习以为常了。

党齐域1998年任市森防站和市防蛾办领导后，更进一步加大督查检查力度，每年率两个督查组，抽调20多人深入到白蛾危害重点区域兴平、武功开展日常防蛾督查和一、二代阶段督查考核，通报结果，表彰先进，先后表彰奖励基层防蛾人员100余人次，调动了大家防蛾工作的积极性。

二十多年来的美国白蛾防治工作，铸就了党齐域的防蛾情结，也培养了他认真仔细、热情服务基层于防蛾的工作态度。尤其是他担任森防站和防蛾办领导后，一心想着基层，一切为了基层，一切服务于基层，努力做好美国白蛾防治的各项服务和保障工作。当党齐域得知秦都区赵绪成、候力和杨凌区的王义忠等3位基层防蛾人员因病住院后，就带上营养品到医院看望慰问。兴平市李党建、罗凤玲、王淑宁、窦永琛，长武县的杜正科、张兴福等基层防蛾人员的亲属先后来咸阳住院，党齐域和在医院工作的妻子主动帮助解决住院中的各种困难，博得了住院患者及其亲属的高度赞扬。所有这些，党齐域认为，都是他应该做的，且在今后的工作中应该做得更好一点、更贴近一些，要永远做基层的“贴心人”这才是党齐域执著追求的。

最美秦岭护绿人

——记陕西省宁西林业局森防站王俊平

“如果我的眼里含着泪水，那是我对这片土地爱的真诚。”是的，他就是一个山里汉子，凭着一腔热血和对森防事业的执著，十几年如一日行走于秦岭深山之中，如同庄稼人爱护秧苗一样精心呵护着每一棵树木，人们都习惯的称他“秦岭护绿人”。

初识王俊平，一个地道的关中汉子，成熟、干练……浑身透出陕西汉子的坚毅、果敢。1998 年，21 岁的他从西北林学院毕业，怀着对森林的梦想，放弃了留在大城市工作的机会，毅然来到秦岭深山之中，与大山为伍，与森林为伴，全身心投入到他热爱的森防事业当中。谁也记不清他在这山间林中跑了多少遍，磨破了多少双鞋，摔了多少跤，只有在面对这片郁郁葱葱的森林时，看到他脸上绽放出最美的笑容，人们才能想象到他工作的艰辛和执著。

陕西省宁西林业局是地处秦岭腹地的一个森工企业，管理经营着 126320 公顷国家重点公益林。由于其地理位置特殊，不仅是关中城市群的重要生态屏障，也是国家南水北调的主要水源地，因此具有极其重要的生态地位，寸草只木都显得弥足珍贵。天保工程实施前，企业主要以生产木材为主，森防工作也无从谈起，没机构，没人员，有任务，没经费成为当时真实的写照。天保工程实施后，企业全面转为保护天然林资源，森防工作作为保护森林资源的一个重要环节才日渐重要，但依然摆脱不了资金短缺、专业技术人员匮乏的尴尬局面。

2004 年，王俊平临危受命，担任森防站站长，如何破解当前问题成了他上任后的第一件任务。为了能争取到资金，他无数次到省林业厅、省财政厅、省森林资源管理局等部门打报告、找领导，陈述森林病虫害严重性、防治的紧迫性和经费物资的困难程度，往往因一件事一跑就是好几天，得到各级领导的重视和支持。局里以前没有森防队伍，护林职工基本没有森防知识，他利用自己所学专业知识，经常跑林场，下林班，组织护林员从怎样识别昆虫、病害的特点等开始，实地进行教授。对存在的普遍问题，他每年赴西北农林科技大学、省林业研究中心等科研教学单位，尽力邀请到专家教授，举办各种林业有害生物知识培训班。积极邀请西北农林科技大学、西北大学、西安文理学院等院校在宁西林业局设立教学实习基地，为局里培训森防业务人员。功夫不负有心人，在他的努力下建成了森防检疫检验室，举办培训班 15 期，累计培训职工 1000 余人次。在所辖四个林场建立监测点 15 个，成立 80 余人的半专业化森防监测队伍。陕西省宁西林业局的森防工作发生了从无到有、从兼到专，实现了质的飞跃，多次受到上级主管部门的好评和奖励，他个人也多次被授予“优秀共产党员”“全省森防先进个人”等荣誉称号。

病害调查

秦岭林区山大沟深，立地条件非常复杂，特别是对森林病虫害调查工作来说，每个调查数据都来之不易。为了掌握辖区内森林病虫害的种类、分布情况，为科学制定防控措施寻找第一手资料，他每年都要带领职工进行全面调查。仲夏的秦岭，酷热难耐，走在茂密的森林里，没走几步就大汗淋漓，饿了，啃一口随身携带的干粮，渴了，喝一口山泉，衣服湿透了晾干，干了再湿，胳膊上、小腿上到处都是树枝划破的口子。除了恶劣的自然条件，还要随时注意身边经常出没的毒蛇、蚂蟥、蝎子、胡蜂等的侵袭，一个 90 公斤体重的汉子，每次普查完身上都要掉十多斤肉。

宁西林业局辖区不仅有西汉高速公路通过，而且还有引汉济渭、西成客运专线等国家重点工程及其他生产经营单位二十多个，车辆、人员来往频繁，潜在的林业有害生物传入的风险很大。他创新工作方法，变被动防控为主动出击，经常深入现地宣传森防政策，讲解森防知识，与生产经营单位签订《辖区调运松木及其制品程序告知书》《松材线虫病等重大林业有害生物防控责任承诺书》。只要辖区经营单位或个人调运苗木或木制品都及时进行检疫检验，对其经营、使用的每批涉木制品及时登记，进行跟踪检疫监管，从源头上堵住有害生物的传播途径。仅近几年检疫检验的苗木达 12 批次 170 多万株，检疫复检 5 批次 60 万株，木制品 200 余件，销毁来源不明、带有林业有害生物包装箱、包装板等木制品 150 件。由于他经常宣传、检查，每次到各建设单位去，负责人见面就说“王站长，我们已经将木质包装材料要求检疫写进购货合同了”，特别是辖区观音砭水电站负责人说他们已经要求供货方将线缆盘改为金属或塑料的，避免人为传播森林病虫害。

松材线虫病是当前森防工作重点防范的检疫性林业有害生物之一。每年 4 月份和 9 月份，王俊平同志都会及时组织人员对辖区内的针叶林、苗圃、交通主干线、工程建设工地进行松材线虫病监测普查。他经常与基层一线职工风餐露宿，现场解决疑难问题，遇到枯死松树，现场查明原因，对死亡原因不明或疑似松材线虫病的松树逐个进行调查、登记，按要求采集标本，年均取样50余份，对所有标本及时进行分离镜检，并认真做好镜检报告。多年的森防工作养成了他勤奋、严谨的工作作风，有时往往因为核实一棵树上的病虫害都要跋山涉水，甚至攀悬崖走峭壁仔细查看，探明其原因才能完成工作。

2011年5月份，菜子坪林场场长张芳儒报告该场油松种子园的油松针叶发生病变，严重的整株枯死，王俊平接到报告后不顾节假日休息时间，立即上山深入林区采集标本并带回检疫检验，经检验系真菌危害。为了确保万无一失，他亲自带着采集的标本到省森防总站请教王培新站长、李有忠总工，最后排除了松材线虫危害的顾虑。

2013年10月，在秋季松材线虫病普查中发现桦树坪林场一片10~20年生油松人工林发生病害，针叶由端部变为黄绿色或黄褐色，散生小红斑点(部分出现黑色横线)，严重时整株枯死。为了慎重起见，他及时邀请西北农林科技大学林学院博士生导师曹支敏教授现地调查诊断油松病害，根据症状表现及分布状况，排除了松材线虫病疫情。

在松材线虫病防控工作中，他不仅注重测报，更注重预防。他积极组织局森防站分别与4个林场、15个监测点的所有技术员及监测员逐级签订《林业有害生物监测责任书》《松材线虫病监测调查责任书》180余份，将责任逐级落实到场、站、人，做到每座山、每片松林、每个工地有人管。在专家指导下，他引进花绒寄甲1700头(块)成虫、卵，分别投放在桦树坪林场、两河林场辖区的交通主干线、西汉高速公路庙沟停车区、黄草坪停车区等区域，均收到了良好的预防效果。

华山松大小蠹是秦岭林区主要森林病虫害，由于该虫具有坚硬的鞘翅，施药防治困难。2009、2010年，王俊平同志在桦树坪林场9、11林班采用引诱剂诱捕进行防治，平均每公顷悬挂1个诱捕器诱杀成虫，虫口密度有所降低，但是防治效果不是特别明显。在2010年一次防治工作中，工作务实、严谨的他，在桦树坪林场9林班陡峭的山坡上攀爬时，不幸被滑落的一块石头击中腿部在下落后并砸伤右脚，当时这位体重190斤的汉子双手抱住脚痛苦地在地上扭成一团，但是他强忍剧痛带领职工悬挂完所有诱捕器之后，才一瘸一拐地走下山坡。近年来，他一直积极与有关专家及科研单位主动联系，寻求华山松大小蠹防治新途径。

2014 年 4 月份，局中心苗圃主任兰宏超向王俊平同志反映，该苗圃油松发生病变。王俊平同志立即与检疫员张晓娟前往该苗圃调查，针叶上散生褪色小斑点，呈黄绿色或淡褐色，多为圆形或近圆形，随后病斑变褐扩大，多个病斑汇合而形成褐色段斑，经镜检系胞腔纲真菌感染，建议中心苗圃采用 75% 百菌清可湿性粉剂 1000 倍液进行防治，保证苗木出境安全。

在做好松材线虫病测报、预防工作外，王俊平同志非常重视其他林业有害生物的监测。2013 年，陕西省安康、汉中、商洛等地市频频发生胡蜂伤人事件，致使数百人受伤，数十人不幸死亡，对当地群众的生命安全构成严重威胁。王俊平同志立即查阅相关资料编印《胡蜂袭人预防与控制》宣传单发放林区各单位及当地群众，让人们了解胡蜂的形态特征、生活习性、防范与救治、控制方法等基础知识，以便发生袭人事件后能及时采取措施，最大限度防病减灾，保护人民群众生命安全。在西成客运专线工地，外来务工人员之前只知道胡蜂伤人，至于如何防范一无所知，现在有了防范与自救的常识就能及时处理，不至于威胁人身安全了。

为宣传林业有害生物防治工作，扩大社会影响，他于 2011 年在全局范围内组织开展“我为森防增风采”宣传活动，共征集作品 11 件，其中书法作品 6 件、绘画作品 5 件，提高了全局职工对森防工作的认识，为森防工作营造了良好的氛围。在开展林业植物检疫窗口单位创建“人民群众满意基层单位”活动中，王俊平同志牵头组织基层各森防站、森林植物检疫检查站按照信息公开、服务质量、检疫工作、廉洁自律等标准，要求工作人员进行对照、改进，使他们不断提高服务态度和办事效率，经调查汇总人民群众满意率均达到 100% 。

在做好本职工作的同时，积极服从局里的安排，一类调查、二类调查、征占用林地、森林防火等工作中都能见到他的身影。

干一行，爱一行，钻一行，精一行。十几年来，王俊平同志一直坚守着这样的理念，把自己最美的青春献给了大山，献给了自己热爱的森防事业。“雄关漫道真如铁，而今迈步从头越”，面对新的征程，他将以更加饱满的热情和求真务实的工作作风为保护森林资源，建设生态文明再谱华章。

“瞎瞎”老蔡

——记甘肃省小陇山林业实验局林检站蔡继增

“瞎瞎”的学名应该叫鼢鼠，因为视力极度退化只在地皮地下活动，所以我们当地人都叫它“瞎瞎”。

老蔡可不是“瞎瞎”，他叫蔡继增，是小陇山林业局派来教我们掏“瞎瞎”的。一来二去都熟悉了，乡亲们便送了他这样一个外号。

我的家在甘肃天水麦积山附近，这里原本有着茂密的森林，可是若干年前由于过度砍伐，许多林地都退化成了贫瘠的山坡地。这几年，国家提倡退耕还林，我们便在林缘区的坡地上栽了核桃、苹果以及落叶松等各种果木。可是有一个问题一直让我们很头痛，那就是原本好好地树苗有时候莫名其妙的就死了。我们拿着死了的树苗去林业站，林业站的工作人员瞥了一眼就说，“瞎瞎”闹的，我们林场的苗子也一样。临了，他说，有一个人会收拾这些“瞎瞎”，他就是老蔡蔡继增。

粗壮的身材，黑红的脸膛，走起路来腾腾腾。如果不是知道他的身份，你一准会觉得他就是一个农民，因为他本来就比农民还像农民。老蔡蔡继增，也就是现在大伙儿喊的“瞎瞎”老蔡，那能耐可不是吹的。到了我们村，他一听我们说完情况，就领着大伙儿带上镢头去地里。到了之后，他先是拔出一棵死了的树苗瞅一瞅，还闻一闻。接着就指挥大伙儿在这儿下一镢头，在那儿下一镢头，然后他说，从这里挖开。我的妈呀，就见地洞里，一个毛乎乎的东西。老蔡见状，一伸手就将拿东西揪了出来。小眼睛、小耳朵、小尾巴；长爪子、长门牙，肥嘟嘟一个“瞎瞎”，估摸着有一斤还要多。这要不是老蔡，我们也就是在老辈人的嘴里听过。

那天上午，我们一共捉了三只“瞎瞎”。大伙听说过这家伙肉很香，但就是不知道怎么弄。老蔡轻轻一笑，拿过旁边一个老汉的旱烟锅，照着“瞎瞎”的脑门只是一磕，那只“瞎瞎”就爬展不动了。大伙这才明白，收拾“瞎瞎”就和收拾兔子一样。当天中午，我们是红烧“瞎瞎”肉、凉拌鸡娃菜，外加一锅浆水面。呵呵，那滋味真是要多美有多美。吃饭的时候，老蔡就给我们讲了许多有关“瞎瞎”的知识，也是从他嘴里，我们才知道“瞎瞎”有自己的大名——中华鼢鼠。也才知道防治“瞎瞎”祸害树苗，最好的办法就是在挖坑栽树的同时，对周围土壤环境进行清理。老蔡还说，“瞎瞎”这东西本来繁殖就快，加上现在天敌较少，所以就成了灾。其实要说起来，它身上还有不少宝贝呢，比如它的皮毛，还有它的肝、胆、骨头等。

虫情调查

可能是尝到了甜头，村里一些闲人这以后就照着老蔡的法子去掏“瞎瞎”。老蔡不失时机的总结出了公“瞎瞎”怎么打洞、母“瞎瞎”怎么打洞，这些“瞎瞎”平时藏在哪里等一些规律。同时他还把自己试用效果最好、没有公害的一些诱捕“瞎瞎”的饵料配制方式也告诉了大伙儿。就这样，没过一段时间，村子里栽种的树苗就再也没有出现因为“瞎瞎”咬噬根系而死亡的情况。以后挖坑栽树的同时，大伙儿也都对有可能藏匿“瞎瞎”的地点进行彻底清理，因此我们这里“瞎瞎”危害幼树的情况也就很少发生了。

就因为老蔡每次来都是指导大伙怎么掏“瞎瞎”，怎么防治“瞎瞎”才最有效。所以大伙儿就开玩笑的送了老蔡一个雅号——“瞎瞎”老蔡。他的真名，蔡继增，大伙儿倒是很少知道了。老蔡憨厚、随和，所以大伙儿经常会说说笑笑。一直到以后很长时间，大伙儿才知道人家老蔡本来就不简单。论官职，人家现在是甘肃省小陇山林业实验局林业有害生物防治检疫站站长，通俗里讲，那就相当于是县太爷。论知识，人家现在是高级工程师，那就相当于是大学教授。要说他负责的地方有多大，怕是我们几十个、几百个村子也比不了。

既然熟悉了，大伙儿有事便都愿意找他。这不，防治“瞎瞎”算是有了办法，可村子周边的落叶松又陆续出现了新梢弯曲，枝条枯死，树冠变形的情况。大伙儿一合计，还得找“瞎瞎”老蔡。有人就说了，老蔡掏“瞎瞎”有一套，对付落叶松枝条上这毛病，他行吗？大伙儿说，他不行你行啊，别忘了人家可是林业有害生物防治检疫站站长。呵呵，电话一打，只隔了一天老蔡还真的来了。落叶松叶蜂，就是这小家伙，在林子里转了一圈后老蔡肯定地说。不过他接着说，这小家伙属于外来有害生物，可比对付“瞎瞎”复杂多了。

这以后，老蔡就带领技术人员进行专项研究。春天，他们在枯枝落叶层下挖虫茧，及时掌握其发育进度；夏天，老蔡他们就常驻林区开展其生物学特性、取食危害特点和防治技术研究；秋天对其危害损失等进行研究；冬天对其发育进度、越冬习性等进行观测。这个项目一开展就是三年，一年四季就没有闲的时候。最后老蔡他们总结出物候期的预测方法，也就是按照节候变化对其发生进程确定最佳防治适期预防。这种方法观测直观、操作简单、结果准确，目前不仅解决了我们周边的问题，而且已经在小陇山林区落叶松监测工作中得到了广泛应用。

爱每一棵树，就像爱自己的孩子；爱每一片树林，就像爱自己的家。这就是几年来老蔡给大家最直观的印象。在一起，他时常对我们说，在甘肃脆弱的生态背景上，小陇山林区是上苍给当地百姓最慷慨的馈赠。他为我们屏蔽着风沙，涵养着水源，让我们看潺潺的溪水，听悦耳的鸟鸣，还为我们提供了许多独有的物产。他说每一棵树都是有灵性的，你的好它会加倍报答，你的不好它也会记在心里。靠山吃山如果不讲究吃法，就会变成坐吃山空。有一年冬天上山，他发现同行的一个人在路上抽烟，立马就拉下脸说，你想烧死我们大家啊，不知道这样流动抽烟最危险吗？事后那人说，平时乐呵呵的老蔡，想不到也有这么厉害的时候。

关于“瞎瞎”老蔡，我能知道的事情真的不算多。有和他一起共过事的人说，老蔡这人你不要看平时慈眉善目的，工作起来那就是个拼命三郎。在清水山门林场当场长的十多年，他的多栽树、栽好树的吼声就是最响的。而且他不光喊，还亲自下地干活。那些年，山门林场年均组织完成造林7000余亩，三年自然成活率、保存率均达到90%以上，先后被国家林业局、甘肃省人民政府授予“全国营造林先进个人”“国土绿化先进个人”等荣誉。关于“瞎瞎”老蔡的另一件事就是，这个貌似粗糙的男人，实则上有着一颗最柔软的心。他曾经有一段时间对小陇山林区翩翩飞舞的蝴蝶着了迷，于是就拿个破相机拍啊拍啊，一直到他自己认为拍到了小陇山林区蝴蝶的所有种属。然后他又对这些蝴蝶图片分门别类，详细记录它们各自的生活规律，并作了整理出版，让更多的人从一个细节看到了莽莽小陇山的多姿多彩。

呵呵，“瞎瞎”老蔡。希望他看到这篇短文的时候不要不高兴，我们知道他的本领比掏“瞎瞎”大多了。可大伙儿习惯了这样叫他，我也就用了这样一个标题。有人就说老蔡这人学林学、做林业、在林区收获爱情成就事业，同时也把自己的根扎在了莽莽小陇山。这样说来，他可不就把自己长成了小陇山的一棵大树吗。

“瞎瞎”老蔡，我们爱你！

高原土乡森林医生更美

——记青海省互助县森防站林业高级工程师郭发新

他待过的东山乡、蔡家堡乡、松多林场等地方是土乡最艰苦最偏远的乡村，但他主持完成的林业工程项目大部分成为海东市乃至全省的样板工程；他主持搞过的退耕还林、林权改革、林业鼠害防控等林业工程是土乡难度最大、任务最重的工程项目，在别人眼里最难啃的“骨头”，但在他的脚下一次次轻易跨越；别人眼里苦涩难懂高不可攀的林业有害生物，他却爱不释手，不仅孜孜不倦地钻研，并且搞的是有声有色，乐此不疲；不少人说他很固执，别人干不了的工作可他偏要上，是一个不撞南墙不回头的人，但无人看到他撞破脑壳的一幕，却看到他一次次出色地完成高难度林业工程项目和技术研究；互助县是青海省育苗大县，群众急需育苗和病虫害防治技术，很多人都向他请教，不论何人他都以礼相待，耐心讲授技术，不论多忙他都会抽空到现场解决疑难杂症。几年下来，土乡广大的育苗群众将他当成了最贴心的人，是一个有求必应的好“大夫”！

海东明珠　彩虹的故乡

在青海省的东部海东市有一个非常美丽的地方——彩虹的故乡互助土族自治县，互助县是全国唯一的土族自治县，位于青藏高原东缘，祁连山南麓，北依达坂山，南接西宁，步跨甘肃，周邻六县，西望青海湖，是河湟谷地间最美丽的一道彩虹。是中国南丝绸之路和蒙藏两地藏传佛教文化圈交流沟通的重要通道，也是夏都西宁市的“后花园”。全县辖 19 个乡镇，294 个行政村，总面积 3424 平方公里，平均海拔 2700 米。总人口 38.7 万人，县内有土、藏、回、满等 11 个少数民族，土族人口有 6.9 万人，占全县总人口的 17.8%。

这里是一个汉族与土、藏、回、满等少数民族世代和谐混居的世外桃源，古往今来，这里哺育了许多有梦想的优秀儿女，他们用自己那艰苦的经历向人们诠释着梦想的可贵和不易。

1966 年出生于互助县的郭发新，就是这样的一个人，自 1987 年考上青海省农林学校，他就与林业结下了不解之缘。在校学习期间，他就对昆虫、病害及森林病虫害防治等内容表现出了浓厚兴趣，成绩非常优异，得到了森保老师的称赞与肯定。1990 年毕业后他先后在互助县土族居住的东山乡和贫困乡蔡家堡乡林业站工作，由于他肯吃苦、能钻研、事业心强、工作又认真，在基层干了三年就被调到县林业技术推广站工作，成为单位最年轻的骨干。缘于他思维灵活，工作勤恳踏实，业务能力强，1997 年底被提拔为互助县松多林场场长。

他在基层乡村和林场工作期间，由于本职工作的原因，他对生态环境和林业有害生物总是特别的关注。不论走到哪里，总是要对当地的林地及林木进行调查和仔细观察一番，当发生病虫鼠害时，他从没有错过更没有放弃过，总是认真查找资料，虚心向他人请教，直到掌握其生活史规律和防治方法后才肯罢休。然后他耐心向当地干部群众宣传危害性与防治技术，总是不辞辛劳，更不怕碰壁，积极与县森防站联系，协调乡村干部群众开展防治工作。当时，互助县森防工作起步不久，基层干部群众基本不知道森林病虫害防治工作是怎么回事，不少同事和干部觉得他是个怪人，说他爱管闲事，爱出风头，看不惯他，甚至劝他不要再管闲事。但他已经预见到了林业有害生物防控工作的重要性，咬牙坚持了下来，为他今后在森防站工作打下了坚实的基础。

呵护绿色　保护家园

绿色是我的生命，我爱绿色的大地 ，和谐的生态环境是我的家。

这是郭发新的口头禅，也是他的绿色梦想。

1999 年元月，因工作需要，郭发新被调到互助县森林病虫防治检疫站工作。在之后的十六个年头里，郭发新对林业、对绿色、对森防的追求更加坚定、更加执著。他几乎用全部人生精力书写着生命的每一刻，用自己那执著的经历向人们讲述着一个西部林业人呵护绿色、实现梦想的可贵和不易。自踏上森防事业那一刻起，他就一门心思扑在了森防上，年复一年，日复一日，废寝忘食、夜以继日地工作。从编制林业有害生物防治方案、作业设计，到负责组织、指导开展全县森林病虫鼠害的监测和防治，再到负责青海省互助县国家级中心测报点林业鼠害测报工作和林业鼠害工程治理项目。这一路走来，郭发新失去的是年华，而收获的却是令人瞩目的业绩——先后编写森林病虫害基础知识培训材料多篇，达 10 万余字，撰写各种林业有害生物专题调研报告 3 万余字，撰写论文 22 余篇。参加了全县各乡镇村级干部科技明白人、县林业局主持的农村经纪人和村级森防员的培训工作，主讲了林业有害生物防治技术及林木种苗繁育等林业实用技术。举办林木病虫害防治培训 200 余次，培训基层技术骨干和农民近 2 万余人次；成为海东市劳动就业培训中心聘请的种植业病虫害防治主讲老师，在海东市“中国创业项目”互助县举办“创办和改善你的企业”（SIYB）培训班中种植业授课上主讲了

现场培训

林业部分的授课工作。6 年来，他接受苗木病虫害情咨询上万人次，帮助林农防治病虫害 4 万多亩，为林农挽回经济损失上千万元，苗木产地检疫累计面积达 4 万多亩。

为人虔诚　乐于助人

“郭发新是一个很谦虚、很勤奋、很认真的人，善于钻研的人，更是一个有求必应的好‘大夫’，别人下班休息，他却被群众拉去为苗木看病会诊，一到节假日他就成了育苗群众争相邀请的对象，他在我们单位工作了十几年了，在林业有害生物发生期，我们很少见他在节假日休息过，找到他的地方不是在林地里、育苗地里，就是在办公室里，从没有好好休过一次完整的公休假。”他的同事说。

哪片森林受到有害生物危害，哪里就有郭发新的身影；哪里的育苗群众需要他，他就会出现在哪里，他几乎跑遍了互助县每一个村，每一块苗圃。

近年来，由于受西部大开发，退耕还林等生态建设工程苗木需求量大的影响，互助县种植苗木的面积急剧上升，面积迅速扩大，当地的青海云杉及祁连圆柏等乡土树种热销，原床育苗兴起，但苗木立枯病、根腐病、生理性落针病、云杉叶锈病和芽锈病、杨树灰斑病、青杨叶锈病、黑星病等病害扩散蔓延，加上育苗地杂草众多，除草不当，严重影响苗木生长，增加群众负担，给育苗群众带来巨大经济损失。郭发新看在眼里痛在心里，他是个有想法就立马去实践的人，从 2007 年春开始，他自己独立开展了互助县地区苗圃地化学药剂除草技术，到 2011 年就基本完成了药物筛选和防治效果对照试验。在苗圃地化学药剂除草技术方面将果儿（乙氧氟草醚）、高效盖草能、龙拳（二氯吡啶酸）等药剂及使用方法推荐给了育苗群众，取得了良好效果。在病害防治方面，他独立开展了互助县地区针叶苗圃病害种类及防治技术研究，基本完成了病害发生危害种类调查，以及高效植物生长调节剂、富万钾、点旺等高效叶面液肥及甲 K、恶霉灵、笨甲・嘧菌酯和氟环唑・多菌灵等新药剂引进、筛选和防治效果对照试验。由于防治效果显著，广大育苗群众将他推荐的高效叶面肥配方，称谓黄金搭档，在全县乃至周边县市得到迅速使用和推广，互助县森防站根据他的研究成果，编印的《新型杀菌剂、叶面肥种类及针叶苗圃病害防治方法》实用技术宣传传单，成为广大育苗群众的抢手资料。所有这一切，成就了他神奇苗木大夫的美誉。

或许是出于责任感，或许是郭发新就是这样一个人。毕竟人与人的追求不一样，郭发新把爬山、走路、做“森林医生”当做一种乐趣，一种事业，因为，他走的路和别人不一样。

勤于钻研　善于思考

郭发新勤于钻研，善于思考，更是一个十分执著的人。2006 年春季是互助县退耕还林区林业鼠害猖獗危害的高峰期，也是林业鼠害工程治理项目实施关键年份，就是在这关键时刻，郭发新肩负起了青海省互助县国家级中心测报点林业鼠害测报工作。当时，林业鼠害测报数据近乎空白，他没有退缩，而是在不到三个月的时间里就基本摸清了全县林业鼠害发生和危害情况，当他清醒地意识到高原鼢鼠已经成为危害苗木的头号杀手时，他暗地里下定决心，要在最短时间里掌握高原鼢鼠的形态和生活习性，找到有效防治方法，一定要确保全县退耕还林绿化成果！

2005 年 4 月，他在高原鼢鼠发生的重灾区——松多乡花园村，组建了全县第 1 个防鼠测报专业队，他住在农民家里，头顶漫天飞舞的春雪，脚踩泥泞的退耕地，一口气就在不同立地条件上设立了 9 个标准地。他虚心向捕鼠能手请教，甘心当捕鼠队员的下手，亲自动手布设地箭，分辨鼢鼠雌雄，解剖每一只雌鼠，开挖鼢鼠洞穴，仔细记录每一个数据……功夫不负有心人，到 5 月初，他就有了不错收获，发布了高原鼢鼠短期预报。还根据研究成果，写出了论文《互助县退耕还林区鼠害发生危害规律性研究》以及《在有效洞内投放新鲜葱末毒饵防治高原鼢鼠效果最好》(注：独著后转让发表)。从此，郭发新就与林业鼠害结下了不解之缘，他主持互助县林业鼠害监测与防治走过了风雨兼程的 8

年。同时，互助县的林业鼠害防治工作也是越来越出色。2006年年底就写出了“互助县森林鼠害发生情况调查及综合防治措施效果分析”一文，2007年秋他和同事在东沟乡纳卡村完成了“应用溴敌隆和大隆母液防治高原鼢鼠田间试验研究”，并执笔写成论文发表在2009年第12期林业实用技术刊物上。2009年1月整理完成了“高原鼢鼠形态、生态特征及综合防治技术”上报省森防总站，2010年10月完成了“互助县森防站2006～2010年度开展鼠害防治专业队建设情况的调研报告”上报省森防总站等等。由于他在防治鼠害上的出色成绩，大家都尊称郭发新为互助县的林业鼠害“专家”。

当好专家　控制害鼠

郭发新不但具有忘我的工作精神，更具有让人踏实和放心的能力。2011年青海省实施国家林业局造林司及国家森防总站下达的“林业鼠（兔）害无公害综合防治技术推广示范项目”，由于郭发新是个小有名气的鼠害“土专家”，被省站寄予厚望，将林业鼠（兔）害无公害综合防治技术推广示范项目定在了西宁市、湟中县和互助县，互助县的项目和实施方案就由他来具体负责制定和实施。2012年4月，互助县林业鼠（兔）害无公害综合防治技术推广示范项目的植物不育剂药物防治高原鼢鼠野外试验工作全面展开，他不但对试验方案和防治试验区组精心设计和推敲，确保万无一失。同时，他为了确保试验顺利开展，他带领2个同事在示范点上租了农户房子住下来，进行蹲点，每天跟防治专业队员和群众一道按试验方案要求严格开展试验，每天他亲自检查核对记录和数据，在检查植物不育剂药物防治高原鼢鼠药效时，郭发新亲自动手一只只解剖雌鼠，将药物试验区和对照区里的雌鼠胚胎一个一个进行对比，确定药物效果，有时他解剖完时呕吐的都不敢吃饭了，就这样一天天坚持了下来，取得了最准确的数据。他还对西宁、湟中、海晏对植物不育剂药物防治鼠害野外试验工作进行了指导。最终，他在同事们的配合下高质量完成了国家森防总站主要推广项目——“青海省互助县林业鼠（兔）害无公害综合防治技术推广示范项目”。

2013 年 10 月 9 日，在西宁召开的“西北林地鼠（兔）害综合防治技术推广示范项目总结及交流会议”，他主持完成了互助县林业鼠（兔）害无公害综合防治技术推广示范项目试验示范点及环保型植物不育剂药物防治高原鼢鼠野外试验示范点，成为本次会议参观交流重点。作为青海省林地鼠兔害无公害防治科技示范推广项目主要参与人和互助县项目主持人，荣获青海省科学技术厅 2013 年度青海省科学技术成果奖。他亲手制作完成了宣传防治鼠害的幻灯片《互助县退耕还林区鼠害防治宣传片》；为了宣传森防工作，他积极撰写信息，在《青海日报》《西海农民报》、县广播电视台等报刊、媒体先后发表林业信息 40 余篇。

爱岗敬业　无私奉献

参加林业工作 25 年，其中森防工作 16 年，他一贯地勤奋学习、爱岗敬业、无私奉献、积极向上、踏实工作，展示了林业战线一名普通森防人的良好精神风貌。他 16 年如一日，时刻心系森林事业，发扬“啄木鸟”精神，对森防工作始终执著坚守，全心全意呵护着土乡绿色家园。自他踏入互助县森防站以来，十次被互助县林业局评为先进工作者，2010 年被评选为互助县 2009 年度十佳科技工作者；2010 年 12 月，荣获全国村级森防员培训工作先进个人；特别是他多年来潜心研究高原鼢鼠生态特征及综合防治技术，研究林业鼠（兔）害无公害综合防治技术，对鼠害防控有着独到的见解，为促进互助县林业有害生物防治工作持续发展做出了应有的贡献。

可以说，郭发新是高原彩虹土乡最美的务林人、是勇攀森防高峰，忘我工作，全心全意为人民服务的“森林医生”。

情系林业　立业在山区

——记宁夏回族自治区原州区林木检疫站李继光

在生命的长河中，你我皆是匆匆过客。每一朵生命的浪花都逐历史潮涌而前进、澎湃、激荡，为碎琼乱玉，为浩浩波涛，亦喧响为时代强音，汇成时代的壮美。生为平凡的一分子，无缘波峰涛谷的激越，湮没于尘俗之中而不甘碌碌的人，那就实实在在地多做一些有益的事吧！

李继光，男，中共党员，大学本科，1964 年 8 月出生，1987 年 7 月参加工作，1993 年 3 月加入中国共产党，林业高级工程师，现任原州区林木检疫站站长。自从干上了林业工作，他就默默无闻在林业这个岗位上辛勤耕耘，做出了许多令人叹为观止的事情，多次被原州区、固原市、自治区评为“优秀工作者”荣誉称号。

熟悉的人都说，李继光在工作中，有一股不达目标不罢休的牛劲，累不垮的韧劲。他从事林业森防和科技推广工作 20 多年，拥护党的领导，遵纪守法，遵守职业道德，热爱森防事业，爱岗敬业，求真务实，乐于奉献，工作成绩突出。他专业理论根底扎实，实践经验丰富，在实践中勇于开拓，善于创新，较系统地学习掌握林业科技推广、森林培育、经营、生态、林木检疫、病虫防治和林业政策法规及经济管理等专业理论知识和技能。在林业科技推广工作中能正确运用新理论、新成果、新技术解决实际中出现的新问题；积极组织退耕农户开展鼠、兔防治工作。多年来，他放弃节假日、休息日，走遍了原州区境内的梁梁峁峁、沟沟岔岔，他说，从事林业工作，就要多走路，多了解情况。宁可少睡觉，也要多走几道弯，全区的林地有多少个弯，多少道梁，就连有些地方长了几棵什么形状的树他都能如数家珍。在他的指导下原州区森防工作多年来取得了骄人的成绩，所负责原州区检疫站工作多次被自治区森防总站考核为优秀，先后撰写发表论文10多篇，并多次获陕西省人民政府及自治区人民政府科学技术进步二等、三等奖的好成绩。撰写作业设计方案、可研性调研报告40余本，编写培训教材10余本，培训基层林业技术人员5000多人次，得到了区、市领导的充分肯定。

他重视林业科技推广工作，对林业科技推广事业执著追求，他经常深入生产一线，把科技送给工程项目，传给林农，帮助干群解决了许多林业科技推广难题，为原州区病虫鼠害综合防治及林技推广工作发挥了重要支撑作用。在彭堡里沟、河川经果林园区嫁接杏改造过程中，他总是第一个到现场，最后一个离去的人，他的技术也是最娴熟的，经过他嫁接的杏，成活率最高，给老百姓创造了实实在在的经济收入，群众尊称他为“林业专家”。

虫情调查

在2010年北部农田林网及甘沟节水农业示范区防护林建设工程被确定为原州区重点绿化工程后，按照林业局的具体安排，从9月28日至11月28日，他和检疫站的全体职工每天到甘沟实地调查，一去就是一整天，早出晚归、没有节假日。从方案制定，规划实施，现场指导施工，工程验收，不管刮风下雨，还是烈日炎炎，他从没有旷过工。甘沟防护林网和北部150条林带什么地方种啥树，成活率是多少，挖多少栽植穴，种多少树，他都心中有数。三个多月下来，他跑了不少路，吃了不少苦，人瘦了一圈，手起了老茧，脚也磨破了皮，但他从没叫过苦，喊过一声累。他用自己的实际行动做出了表率。影响和带动了身边掀起一波又一波创优争先、争创精品工程的竞赛热潮。目前各项绿化工程已全面完成，甘沟节水农业示范区防护林网及原州区北部农田林网工程得到了各级领导的充分肯定和广大人民群众的赞许。与此同时他个人获自治区农田水利基本建设指挥部工作成绩突出奖。

2012年他负责实施中央财政科技宁南山区黄土丘陵区中幼林鼢鼠综合防控技术示范推广项目，该项目为国家财政跨区域项目，合作单位有固原市林业技术推广中心、彭阳县林木检疫站，项目区推广示范3万亩、培训项目区基层防鼠人员500多人，下发各种防鼠宣传资料5000多份。项目完成后，对周边退耕农户鼢鼠防治起到了很好的辐射带动作用，提高了全社会参与病虫鼠害的防治意识。

2012～2013年连续两年负责原州区各项林业建设工程的苗木招标、苗木收发等工作，杜绝了危险性病虫害传出和传入，同时每年认真负责做好原州区苗木产地检疫工作，累计产地检疫面积1.5万多亩，检疫各类苗木8000万多株，并对原州区苗木种植大户建立了完整的信息档案资料。次年利用国家“绿盾行动”对原州区木材经营个体户和果品经营个体户、电力部门、电信部门的电缆、光缆使用及经营情况进行了全面细致的排查，排除了隐患，保护了原州区的生态安全。整理汇编有关林木检疫方面的法律及法规、林木检疫行政处罚规范性法律文书及基础知识、常见病虫害检疫技术操作办法及检疫技术规程等3本共16万多字。通过提高公众认识、争取社会各界支持和参与，营造了全社会关心支持林业植物检疫工作的氛围，树立了森林植物检疫在社会中的地位。

平凡的事业，平凡的岗位，平凡的人，不平凡的是一颗奉献于事业的心。这一桩桩一件件的小事，像一串串晶莹剔透的珍珠，闪耀着鲜活的人格魅力。用自己的行动，感动着一批人，在平凡的岗位也能做出不平凡的事，平凡中创造着美丽人生，这就是一个普通共产党员森防工作的境界。

森林的白衣天使

——记新疆维吾尔自治区喀什地区森林病虫害防治检疫站任玲

天刚放亮，手机铃声又急促地响起。疏附县的同事来电，称他们县阿瓦提乡的一大片结果红枣树突然叶片枯萎枣果脱落，要求尽快前往诊治。听完电话，她顾不得已两个月未休息天天在林间地头奔跑的疲乏，二话不说，简单洗涮一把，挎上工具包，坐上乡里的车又到了枣树园。她，就是地区林业局森林病虫害防治检疫站站长，被林农戏称为“森林医生”“虫小妹”的任玲。

为了大我　放弃小我

自1990年参加工作以来，任玲一直在林业第一线从事森林病虫害检疫防治工作。20多年的工作历程，使她积累了丰富的经验。也正是因为她丰富的经验和异于旁人的敬业精神，多年来，她放弃了很多属于自己和家人的闲暇和快乐，但却赢得了果农们齐声的称赞！

刚刚参加工作时，年轻的任玲犹如一根铆足了劲的发条，一年中有半年时间在林区，她的足迹遍布喀什的林间地头，荒漠戈壁，她经常深入林农，现场查看虫情，研究实验防治技术，指导林农开展防治，把林业科技送到林间地头，送到千家万户，送到林农的心坎上。

任玲有一头让人羡慕的长发，飘逸柔顺，从小任玲就十分珍惜自己的头发，一点都舍不得剪短。参加工作后，为了方便工作，她将一头长发梳成了马尾，但是，长期与农药及有毒有害的物质接触，她的身体慢慢出现了变化。一天，任玲洗完澡后发现，地漏旁聚集了厚厚一层掉落的长发，头发轻轻一梳就一缕一缕的掉，任玲大吃一惊，可是更加严重的事还在后头。由于接触了大量有毒有害农药和长时间的操劳，年轻的任玲竟然在短短一个月内，满头飘逸长发都快掉光了，这让她无所适从，一度陷入绝望的境地。好在有了单位领导、同事和家人的关怀，她慢慢从沮丧中走了出来，头发也慢慢长起来了。

而就在这时，她发现自己怀孕了，为了正在进行的介壳虫综合防治项目的实施以及孩子的健康，她不得不在家人的抱怨下忍痛放弃了第一个孩子。1994 任玲的女儿出生了，由于丈夫常年在边境口岸工作，她要一个人带孩子照顾家，那时候经常加班，她就把孩子带到办公室放在沙发上睡觉，自己加班到深夜，甚至把一些病虫观察的任务材料带到家中去做。到了下乡观察防治的季节，她含泪将孩子托付给年迈的父母，但一到了林间她就忘我地投入了工作。就在那段艰难的日子里，她把大量的心思和体力都投入到与“虫”搏斗的战役中，大胆创新，针对地区林果业发展需要，改进书本上传统的病虫害防治技术，结合喀什农村的实际和农民的接受能力，筛选一些简便易行，成本低廉的实用技术，为喀什林果支柱产业健康发展提供了技术支持。

尽职尽责　战果丰厚

20 世纪 90 年代初，地区面临着大球蚧的毁灭性危害并危及南疆其它地州森林资源的安全，自治区人民政府专门立项开展大球蚧的防治技术研究推广，任玲主动承担了该项目的一些关键技术的研究。

也就是从那时起，任玲回家的时间更少了，常年在全区的乡镇、林场进行观察、试验、示范、推广，一待就是三四个月，经过五年的努力，终于在实践中摸索出一套大球蚧的综合防治技术，迅速在南疆各地州推广应用，确保了林业生产安全和林农的果品效益。1995 年该项技术获得自治区科技成果证书，并获得喀什地区科技进步二等奖、自治区科技进步三等奖、农村实用技术推广二等奖。

"十一五"开始，喀什地区大力发展林果业，由于苗木匮乏，大量从疆外调入经济林苗木，为预防疆外林业危险性病虫害的入侵蔓延，她严格执法，凡是从疆外调入的苗木无论节假日休息时间，她都要亲自到现场仔细进行检疫，多次查处并销毁了带疫苗木，保障了喀什森林安全。为解决喀什地区病虫害防治资金缺乏的问题，她积极向上级领导、相关部门汇报呼吁，积极申报项目，解决部分贫困农民和乡村的防治技术、资金，尽快地将一些实用技术推广到了林果乡村，减少了农民的损失。

2004 年困扰喀什地区十几年的胡杨天然林春尺蠖防治工程实施，在没有现成经验可借鉴、时间紧任务重的情况下，她大胆创新，加班加点研究制定飞防技术方案，起早贪黑把关落实各个技术环节，一扎在林区就是一个多月，由于日夜辛劳，体重整整减轻了 3 公斤。这次飞防，不仅为在此后开展飞防的其它两个地州提供了技术参考，而且该工程还荣获自治区优秀林业工程奖。

她还利用业余时间，撰写了多篇论文，先后有 20 余篇研究成果论文和科普文章在国家级、自治区和地区级刊物上发表。

真心实意　为民服务

1999 年，由于出色的工作业绩，任玲被提拔担任地区森林病虫害防治检疫站站长，肩上的担子重了，任玲的想法也多了。

当时，喀什地区正在大规模发展林果业，林木病虫害种类危害剧增，但是，广大果农却面临着无技术、无资金防治的问题，任玲看在眼里急在心头。她带领森防站技术人员，大胆创新，改进书本上传统的病虫害防治技术，结合喀什农村的实际和农民的接受能力，筛选出了一些简便易行，成本低廉可结合林业生产管护措施来实施的方法，并带领全站职工积极与林果业乡村及林果大户结对子，在防治季节，在地头召开防治现场会，送药到地头，亲自配药打药，为农民实地提供技术服务。

她还经常深入果农家中，在现场查看疫情，指导农民防治，把林果科技服务送到了林间地头，送到了千家万户，送到农民的心坎上。2009

监测调查

年4月，任玲带领技术人员在巴楚县下马力林场无电无水的胡杨林区，指导开展春尺蠖飞机防治，每天在林区踏着深陷的松沙步行几十公里调查飞防效果，连小她20多岁的大学实习生都跟不上她的步伐，与风沙、蚊子做伴一待就是一个多月。到了秋冬季她的战场又转战到了县乡地头、教室，为县乡干部、广大林农开展森防技术培训，基层的干部林农总是奚落地说："怎么果子成熟的时候不见你的身影，总是没有果子的时候到果园，你是不专吃虫子呀?"她总是笑着说："如果我吃虫子，你们的果子没虫子，那也未尝不可。"多年来，全区农村的林业大户和果树大户都认识任玲，亲切地叫她"虫小妹""森林医生"，每次调查培训回来，村里的群众都依依不舍送她很远。

多年来，任玲给农民讲课，到林区果园现场指导，从不收取一分钱讲课费和"劳务费"，她说：党给我每个月的工资就是我的讲课费。在森防站，她不像一个站长，更像是一位老大姐和防虫的老把式，多年来兢兢业业，廉洁自律，受到广大基层林业干部职工和林农群众的普遍赞誉。她长期工作在林区、沙区艰苦环境，脚蹬胶鞋，皮肤黝黑，一身尘土，把人生最美好的中青年时光贡献给了生态建设这一造福千秋的伟大事业。

用生命守护着这片绿色

——记新疆维吾尔自治区阿勒泰地区富蕴县林业有害生物防治检疫局郑军

郑军，女，汉族，1971 年 7 月出生，中共党员，现任阿勒泰地区富蕴县林业有害生物防治检疫局局长。1990 年 10 月参加工作以来，始终奋斗在林业有害生物防治一线。她在森防工作岗位上已经默默工作了 24 年，用辛勤的汗水浇灌着森防事业，为防治有害生物传播、保护森林资源安全、发展特色产业贡献了青春和汗水。她曾多次荣获防治先进个人、“巾帼建功”标兵和优秀共产党员等荣誉称号，在林业有害生物监测预报、检疫执法、防治创新等工作中取得了显著成绩，为推进现代林业发展，保障国土生态安全发挥了重要作用，成为当地群众交口称誉的忠诚林业卫士。

一丝不苟监测　提供科学依据

为准确掌握监测预报第一手资料，提高工作决策的科学性，多年来，她一直痴心于林业有害生物观察研究，注重专业知识的自学、实践，以野外树林为主战场，投入到昆虫调查研究中，多年观察积累的原始记录和材料摞起来有 1 米多高。为确保林业有害生物监测预报数据翔实、不留死角，她以身作则，处处干在前面，每天穿行在林间地头。为不错过防治最佳时期，每年她都按时到发生地段进行调查，定期到监测点搞好病虫情测报，回来后当天就进行汇总分析，有时加班工作到深夜，及时发布监测预报信息，掌握幼虫动态，坚持治早治小的原则，防止有害生物在全县的蔓延成灾。三年来，共监测500余万亩，准确发出各种有害生物预测预报信息47篇，仅此一项每年就为全县挽回经济损失300余万元。

苗木检疫

执法铁面无私　维护安全措施到位

随着国际、国内贸易往来的不断扩大和外调苗木的增多，林业有害生物防治检疫工作的难度也越来越大，特别是严防危险性有害生物形势进一步严峻。为此，郑军同志积极采取有效措施，加大检疫执法力度。一是加大种苗产地检疫。每年春秋两季按时对全县种苗繁育基地进行产地检疫。检疫中严格按照《产地检疫技术规程》进行，对检疫合格苗木开具产地检疫合格证，对带疫苗木开具《检疫处理通知书》，并督促其进行疫情处理。把好苗木源头关，确保造林质量。二是加大复检力度。近年来，随着生态建设的加强，从区外调入大量造林苗木，给检疫工作带来很大难度。郑军同志克服一切困难，秉公执法，每车苗木随到随检，没有漏检，复检率达100%，三年来共复检苗木400余万株，确保了全县生态安全。三是积极开展林业植物检疫联合执法专项行动，为确保行动顺利进行，她结合富蕴县实际制定联合行动实施方案，联合森林公安派出所、林业站、种苗站在造林季节对全县苗木进行检疫检查，三年来出动车辆60车次，检疫执法人员达180人(次)，有效的提升森防检疫的形象。

大力推广新技术　提高防治效果

富蕴县森林面积342.33万亩，每年各种林业有害生物发生面积在10余万亩，危害十分严重。郑军同志长期坚守在防治战线，常年与农药打交道。她本人是过敏性体质，接触农药就浑身过敏，尽管如此，她并没有退缩，仍全身心投入工作。作为单位领导，既是指挥员又是战斗员，在防治季节，她在林间地头组织召开防治现场会，送药剂药械到实地，指导配药、喷药。为避免环境污染，积极推广防治新技术、新方法，采用新型生物制剂、人工灭卵和灯光诱杀等方法，降低虫口密度，提高防治效率。三年来实施无公害防治面积40余万亩，打造优美的人居环境。

全心服务群众　促进农民增收

郑军同志心系三农，踏踏实实做好科技服务。一是依托“科技之冬”“科技之夏”送科技下乡、举办科技培训班，为农民传经送宝。她编写了《黑加仑栽培管理技术手册》，并翻译成哈文。三年来她举办科技培训班20多(次)、培训果农达到1000余人次，发放科技资料5000余册，为科技在农村普及打下了坚实的基础。二是指导黑加仑栽培管理，她积极推广黑加仑膜下滴管扦插技术、穗条黑化处理技术、黑加仑防寒技术、黑加仑地膜密植高产栽培技术等。这些技术的推广应用，使黑加仑发芽率和产量提高30%。2013年杜热乡一育苗户育30亩黑加仑，出圃黑加仑苗40万株，产生经济效益60万元，平均亩产值达2万元，仅此一项人均增收6万元。三是指导林果业有害生物防治。2012年全县1万余亩黑加仑林地爆发草地螟，危害十分严重，有的黑加仑一夜之间叶片被吃光。当她发现草地螟虫情后，立即制定防治方案，尤其针对结果的黑加仑采取设置杀虫灯诱杀草地螟成虫，尽可能少用农药，降低农药残留，确保黑加仑果实品质安全。经过及时有效的防治，万亩黑加仑保住了，挽回经济损失 500 万元。

郑军凭着对森防事业的热爱，守护着这片绿色。每当看到人们在尽情享受绿色时，她体会到作为一个林业人存在的价值，感到了作为林业人的骄傲和自豪。

兴安林海中的“啄木鸟”

——记内蒙古大兴安岭森工集团毕拉河林业局森防站郭丽莉

郭丽莉，女，1980年10月出生，中共党员，她一米七的身高，瘦瘦的身材，配上干练的短发，给人一种都市白领丽人的表象。其实我们所了解的郭丽莉与她的外貌恰恰相反。1998年参加工作以来，先后在达尔滨湖宾馆当过服务员、领班、副经理。2008年12月至今，担任毕拉河林业局森林病虫害防治检疫站站长，一干就是六年。在这六年中，她不辞辛苦，坚守在森林病虫害防治工作的前沿，凭着新时期青年务林人的热情和拼搏精神，在毕拉河生态功能区569563公顷的莽莽林海中，为森林的健康成长默默地奉献着自己的青春和汗水，把对党的忠诚和对林业事业的热爱，化作自己的实际行动，证明着她是一名优秀的“森林医生”。

病虫防治　一方之任

乍暖还寒的春天，山上的冰雪尚未融尽，她已经带着单位的同志们奔走在大森林之中，对病虫鼠情的发生动态进行调查、监测，为了掌握各种虫害的生物学特性及测报数据的真实性、时效性、准确性和指导性，每天进行定时、定点观察，必要时在野外吃冷餐喝凉水，为了保护年复一年的造林绿化成果，翻山越岭在造林地内下鼠夹、投鼠药。夏天，山花烂漫之时，她没有闲情去欣赏美景，匆匆的脚步走过，洒下了一路汗水。时而瓢泼的大雨冲洗不去满身的疲惫。秋天，为预测明年的病虫鼠情发生情况，她又带领监测人员跋山涉水，进入秋季调查，她的双脚踏遍了毕拉河生态功能区的山山水水、沟沟岭岭。

虫情调查

林业有害生物防治工作季节性强，每年从春天树木初萌芽到冬季落雪，都是她最忙的时候。到了害虫最佳的防治时期，她早出晚归，每天凌晨三点起床，身扛重重的喷雾机、药箱上山布烟点，进行喷雾、烟雾防治。当夜幕降临，为了详细掌握各种害虫成虫的始、盛、末期，以及产卵量，为科研积累数据，根据蛾类昆虫在晚上活动与趋光的习性，头顶繁星，利用黑光灯进行监测防治，在那漆黑的夜晚，不知受了多少蚊虫的叮咬，但她从没叫一声苦、不喊一声累。记得 2013 年防治的季节，她被诊断出腹部长了两个肌瘤，做完手术后医生要求静养半个月后才可以上班，不能剧烈运动和做体力劳动，可回来第三天她就上班和大家一起进山出外业了，同事们看到她脸色苍白，走路冒着虚汗都劝她回家休息，但是她心知防治时机稍纵即逝，越早防治病虫害就会将林业局的损失降到最低，她毅然坚持工作在一线，刚被雨水洗刷过的花草树木看上去是特别的清新，但刚做完手术的她，脚却泡在冰凉的雨水里，裤子湿到大半截，由于身体虚弱，当晚就发起 39. 3℃的高烧，有女同事含泪劝她说：“赶快下山去医院，你不要命了吗?”她却说：“没事，吃点退烧药，多盖被子睡一觉出出汗就好了。”就这样在她的坚持和带领下，这次防治任务完成的非常成功。当大家看见她拄着木棍艰难地从林中走出来时，很多职工都情不自禁地流露出心酸的泪水。这就是她，工作起来不顾寒暑，不顾病痛，用她的敬业精神带动着身边的每位职工。在这六年中森防站累计黑光灯诱杀出灯550余台次，悬挂性信息素诱捕器500余套，增挂鸟巢箱2500个，防治虫害17.1万亩，病害3.1万亩，鼠害9万亩，无公害防治率达到92%，防治率达到100%。测报准确率达到95%，监测覆盖率达到99%。

检疫执法　不徇私情

在林业植物检疫工作中郭丽莉依法办事、脚踏实地、真抓实干，认真学习植物检疫知识，从自身素质抓起，在提高自身业务水平的同时，积极开展苗木产地检疫工作，亲自带领检疫小组，深入到种苗圃，对所有上山苗木进行严格的产地检疫工作，严禁带病虫苗木出圃，确保上山造林苗木无疫情。坚持以产地检疫为基础、种子检疫为龙头、调运检疫为核心，加强检疫执法力度，通过规范检疫程序，严格检疫执法，为控制毕拉河地区林业有害生物的传播蔓延，巩固绿化成果，保护林业生态安全起了积极作用。那是2012年的一天，她带领检疫小组在护林木材检查站开展检疫工作，发现一辆运输花卉的卡车，没有植物检疫相关材料，并且经过复检之后发现这批花卉中携带有害生物，当时就通知该车辆禁止进入毕拉河生态功能区，对花卉予以扣押，时过不久就有她的亲属打电话说情，想让花卉进局，都被她严词拒绝。事后亲戚说她是“白眼狼”，当了小官就不知道天高地厚，连亲戚都不认了。她就耐心地跟亲戚解释，讲解有害生物的入侵对森林造成的危害，说明了务林人保护不好森林就是犯罪，森林消失了我们也就无法生存的这一利害关系。经过一番苦口婆心的说教，亲戚理解了她。六年中，她们对进出毕拉河林业局进行检疫的苗木250万株，种苗产地检疫率达到100%，检疫木材25000立方米，对外地引入的集贸市场经营的花卉进行复检20000株，其在 2012 年的绿盾检疫执法专项行动中，就出动检疫车辆 110 余次。

科学管理　标准建站

2008 年，当郭丽莉刚刚调入森林病虫害防治站的时候，这个站只有 5 名职工，在 50 平方米办公室工作，隶属于营林处的二级部门。她面对着简陋的办公环境，使用着一台 586 台式旧电脑，冬天办公穿着棉衣戴着手套都冻的手直发痒，心里的酸楚油然而生，她也曾经哭过鼻子，想过调离单位，但是要强的她毅然决然的下定决心，要在这个岗位上做出成绩，为毕拉河林业有害生物防治工作贡献全力。她知道森防工作在新的历史时期已经不再是单一的防治，而是由“可持续控灾”向“森林健康理念”转型，在这个大背景下，为了适应森防事业的发展，她积极投身到森防科研工作中，以不断更新自身科学知识，熟练掌握先进的科学技术。她勤奋努力、刻苦钻研，逐步积累了非常丰富的森防知识和精湛的业务技能。她把全局所有森林资源分布情况分成不同类别，整理出一套易发病虫害树种和重点监测对象的材料，为研究毕拉河生态功能区内森林病虫害发生规律及防治对策提供了有力依据。经过她多年的不懈努力，现在的毕拉河森林病虫害防治站已经成为一个办公面积 500 余平方米，职工 13 人，电脑 10 台，拥有兼职测报员 329 名，检疫执法车 1 台，测报专用摩托车 5 台，车载大型喷雾机 1 台，自行式喷雾机 1 台，担架式喷雾机 1 台，背负式喷雾机 10 台，喷烟机 10 台等设备的现代化标准防治检疫站。

坚定信念　勤于学习

多年来，郭丽莉作为一名党员干部，在工作岗位上始终如一，发挥了党员的先锋模范带头作用，树立党员良好形象，作为单位的主要负责人，她深刻知道她的一举一动间接或直接、部分或全部影响到身边同志们的工作热情，在日常生活和工作中，她坚持不断地学习党的路线、方针、政策，用科学发展观武装自己的头脑，牢固树立正确的世界观、人生观、价值观，坚定共产主义信念，积极参加组织活动，特别是帮扶结对时，不计个人得失，用自己的爱心让职工感受党的温暖。让“党员”这一称号在自己的身上闪耀发光。在学习中，她能够认真刻苦、积极主动，深刻领会党的方针政策，大量阅读相关的业务书籍，并且虚心向有工作经验的同志学习，多动脑、勤动笔，在工作中学习，在学习中提高。

在林业有害生物防治战线上，80 后的她是一名小兵，有着新时代青年务林人的活力与激情。在她的带领下，2013 年森防站被大兴安岭林管局表彰为“林业有害生物防治工作先进单位”“林业有害生物宣传工作先进单位”。2002 ~ 2007 年她先后荣获毕局“先进女职工”、“优秀共产党员”“9 · 20 扑火救灾先进个人”称号；2012 年荣获“林区林业有害生物防治先进个人”荣誉称号；2012 年在《内蒙古大兴安岭林业科技》发表了《落叶松毛虫性诱剂新型载体林间应用技术研究》；2014 年被国家林业局授予“最美森林医生”称号。这些荣誉的取得是她辛勤汗水浇灌的真实写照。在诸多荣誉和成就面前，她没有停步，团结和带领单位的同志们继续着神圣的森防事业，把人生最美好的青春时光奉献给了生态建设这一造福千秋的伟大事业。

兴安林海中的24个春秋

——记内蒙古大兴安岭库都尔林业局森防站庞香芝

庞香芝有着娇小的身躯，一笑起来就露出两个小酒窝，但是工作起来却是满脸的严肃认真。她的工作简历简单至极，只有一行字"1990年至今，库都尔林业局森防站测报员"。她1990年内蒙古大兴安岭林业学校毕业后，分配到库都尔林业局森防站一直从事森林病虫害防治工作，在大兴安岭林海中度过了24个寒暑春秋，为保护森林资源和生态平衡，默默无闻地奉献着。

实验分析

预测预报是做好森林病虫害防治工作的基础。为掌握林业有害生物的发生规律，及时预报林业有害生物发生趋势，她每年都有7~8个月的时间在林海中度过。整日与瞎虻为伴，与昆虫为伍，抗击着森林病虫害。每年的四月初，冰雪还未融化，她就带领着防治人员开展越冬蛹的调查工作，徒手扒开积雪，查找落叶层下的虫蛹，手脚常常会冻僵、冻麻。春夏开展森林病虫害调查时，为摸清害虫种类、数量、发生范围等，她带上一天的饭，天不亮就出发，一走就是几个小时，翻山越岭，跋山涉水，早晨的露水常常打湿了半截身子，中午又得顶着烈日，忍受着蚊子瞎虻的袭击进行调查。白天调查幼虫危害情况，晚上利用昆虫的趋光性，调查成虫羽化的情况，确定羽化始、盛、末期。在林内诱集昆虫、做记录，收集标本等常会忙得不亦乐乎。晚上的温度很低，下雾时，即使穿上棉衣，也一样感到寒冷。为摸清害虫种类、数量、发生范围等，她和队员们在野外搭帐篷长期驻点监测，对重大林业有害生物进行系统的调查，她们每天早上 7 点出发，回到帐篷常常是晚上 6 点多。调查落叶松林内落叶松毛虫、落叶松鞘蛾，白桦林内中带齿舟蛾，杨树林分月扇舟蛾时，一天要跑近 20 个调查点。

前几年，落叶松毛虫在库都尔生态功能区部分地块大发生，为及时监测松毛虫的发生动态，她和防治人员在山上驻点调查，那时她的孩子还小，把孩子放到老人那里，在山上一住就是几个月，调查虫源地松毛虫发生情况，每天都要爬上近 45°的山坡，到达目的地时常会汗流浃背、气喘吁吁。几个月后回到家时，孩子不让她抱，显得很生分，庞香芝心如刀割，泪水忍不住地往下流。但到了单位，看到根据这几个月的调查成果制定出的科学防治方法时，心里的委屈马上就烟消云散了。放烟防治时常是早上 2 点出发，虽然她身材娇小，但却不甘落后，同男队员一样背着几十斤的烟剂上山，然后排烟点，拉火放烟。通过采用多种方法实施防治，控制了这次落叶松毛虫的传播与蔓延。

她走遍了库都尔生态功能区的山山岭岭、大小沟系，对主要病虫害的发生发展规律、分布范围做到了胸中有数，为防治提供了科学依据。在负责标地的观测工作中，为掌握落叶松鞘蛾的生物学特性及发生规律，庞香芝每天和观测人员一起骑自行车进行观测，风雨不误、持之以恒。一次刚下完大雨，鞘蛾正是羽化关键期，上山时，山上下来的河水已经很大了，但她为了详细掌握鞘蛾的羽化情况，并没有考虑很多，趟着水继续上山，当观测完回来时，河水已没膝盖，而且一直在涨，趟过河时，河水湿了半截身子。有时天下着雨，为掌握雨天鞘蛾的发生状况，穿着雨衣骑着自行车去观测，车骑不动被泥糊住，下车把泥抠出来接着骑。就这样，通过多年的连续观测，详细记录了鞘蛾上芽危害、化蛹、羽化、产卵、幼虫危害、越冬等一系列生物学特性，从而掌握了落叶松鞘蛾在库都尔生态功能区的发生动态和发展规律，进而预测出鞘蛾的最佳防治期，在落叶松鞘蛾的防治过程中提高了防治效果。她牵头撰写的《落叶松鞘蛾防治技术》荣获林业局经济技术创新一等奖。她还被国家林业局评为全国林业系统合理化建议和技术革新先进个人。她带领的质量管理小组被评为2006年度内蒙古自治区优秀质量管理小组。

采集标本是预测预报掌握虫情的重要环节，庞香芝白天进行虫情调查，晚上则利用成虫的趋光性，在林内诱集成虫，收集标本。当诱到的昆虫越来越多时，即使武装的再好，昆虫还会飞进嘴里、脖子上、身上，甚至钻进衣服里，昆虫鳞片接触到皮肤，会奇痒难忍。这些丝毫没能影响到她继续收集标本、记载着上灯的种类、数量和雌雄性比……林内深夜的温度与白天相比，是天壤之别，白天调查时脱下来的衣服又一件件往身上穿。下雾时，身上潮湿的衣服更会增加一丝寒意，她仍在坚持着。工作回来，常常是后半夜，为防止标本硬化，短暂休息后，第二天早上又开始做标本。就这样，在她的带领下，这个站采集制作了大量标本，标本室如今已有昆虫标本近两万件，植物标本600余件，生态标本60余件。这些精心制作、栩栩如生的标本，无不凝聚着她和森防人员的心血和汗水。

为详细掌握当地林业有害生物生物学特性，她带领昆虫饲养人员对主要林业有害生物进行饲养观测。她们对待虫子，就像对待宝宝一样精心，每天都要换树叶，测量体长、头壳、取食量等。没有休息日和节假日，连续工作一整年，做成了有价值的生活史标本15套。详细掌握了库都尔地区主要林业有害生物的发生发展规律及发生动态，为日后的监测调查和防治提供了科学依据，也填补了林业有害生物生活史标本稀有的空白。

在实际工作中，庞香芝深刻体会到森防工作不仅要有吃苦耐劳、克己奉公的精神，更需要丰富的专业知识。她感到自己掌握的知识越来越不够用，于是在工作之余，又坚持自学。通过不断努力学习，取得了内蒙古农业大学的林业生态环境管理专业毕业证书。她把所学到的知识运用到了生产中，2004～2005 年，中带齿舟蛾在白桦林内大发生，她边学习边研究。撰写的论文《中带齿舟蛾的灯光诱杀及烟剂防治》《贝奥不育剂林间防治实验效果》分别在《内蒙古大兴安岭林业科技》上发表。

踏着绿海浪尖腾飞的森林守护人

——记内蒙古大兴安岭森工集团得耳布尔林业局白忠文

白忠文，1984 年毕业于牙克石林校。一提起她，人们就会想到林业有害生物防治检疫站。因为，森防站见证了她成长的点点滴滴，辛劳的汗水、奋进的足迹，成功的喜悦，它与她同呼吸，共命运，息息相关。近三十年的春秋冬夏，风风雨雨，她在用青春、痛苦、欢乐、奋发和心血，营造了一个团结和谐、务实奉献的团队。

情系林海　求真务实

记得她刚一毕业来到森防站的时候，看到动、植物标本柜隔开的办公间里坐着三位办公的同志，热情锐减，心想这办公条件能干啥呀。但有一件小事改变了她的看法：那是造林繁忙的季节，有一造林户拿着一把造林苗焦急地来到森防站，说这苗子让耗子都咬死了，成活率达不到，我白干了不说，还要受罚，快给我想想办法看怎么办？老领导看了看齐刷刷咬断的苗木，立即调车并吩咐她及其他技术员带上药物现场指导帮助造林户防治，一星期后这个造林户又来了，握着他们的手激动地说，这回造林苗木没被鼠咬都活了，谢谢你们，没有你们我真不知道该怎么办了。白忠文嘴上虽说这是我们应该干的，但心里却是甜的，感觉到自我价值的实现，从那以后她深深地爱上了这个行业，从每一件小事做起，风里来、雨里去，一干就是 30 年。从事第一线森防工作的她，积累和丰富了有害生物防治工作经验，提升了过硬的业务技术能力，逐渐成长为一名学习型、知识型、创新型的带头人。森防站也从原来的3人逐步发展到现在的24人，森防站也从股级站到现在的林业局的科级基层单位，这其中有上级领导及部门的支持，也是她与她的团队这么多年来的坚持、努力、奉献的结果。

开拓进取　无私奉献

虫情就是命令。她带领队员常年行走在崇山峻岭中，不知翻了多少山头，爬过多少陡坡，穿坏了多少双胶鞋。渴了捧上几口稍显浑浊的山水，还调侃说是百草汤治百病；饿了，匆匆啃几口自带的干粮；累了，躺在草丛里眯上一小会儿。脸被晒脱皮了，人跑瘦了，可山青了，树绿了。记得有一次在康达岭林场施业区43支线防治舞毒蛾，当时事态紧急，必须利用“黑灯光”夜间捕杀，她与两同事坐三轮摩托车出灯，同舞毒蛾展开一场战斗，直到子夜零点，才将舞毒蛾诱杀的残存无几。这时已是夜色漆黑，山林寂静，不时袭来猫头鹰和不知名的惊恐叫声，令人毛骨悚然。这时恰巧三轮摩托车胎扎了，一名队友回去取打气筒，两名队友留守，让谁独自走回去都是件很害怕的事，一名岁数大的老同志

查看虫情

自告奋勇的回点去取，她与一名队友留守，当时那种惊恐的心情至今还久久不忘，等修好摩托回到驻地天已蒙蒙亮。在烟雾防治中，瘦小的她拎两箱药到山上，早已是全身汗流浃背，手被药箱勒出血、蘸药的手擦到脸上，脸被刺激得火辣辣地痛，还有成群的瞎氓、小咬的追逐，那个苦、那个累简直无法形容。后半夜带着一身的药味回到家，孩子早已睡着，丈夫常抱怨，她却说：虫子不休息我们就得干啊。像这样的故事在夏季防治繁忙的季节每天都在发生和上演，但每个队员从不畏缩、抱怨，工作虽艰苦，但他们苦中有乐。有一次在防治休息时，有个队友在自己的腋下发现了一黑点，误以为是草爬子叮进去了，自己找了个没人的地方抠了很久没扣出来，最后找人一看原来是痦子，这事让他们笑了很久。也正是这份工作的艰辛，使她和同事们建立了深厚的友谊，相互间非常理解。

在检疫工作中，她是有名的“一根筋”，严格执法按章办事。记得有个个体户不通过检疫就想把货物运走，她与其他检疫员及时赶到现场进行检疫、收费，可货主不配合，还蛮横不讲理，说粗话、威胁她们，后来她找了公安林政科协调才算执行了检疫、开具了检疫证并收了费。货主走时还狠狠地说：你们等着，这事没完——检疫工作就是这样顶着压力协调各种关系，从不理解到形成规章制度，真是不知挨了多少骂、受了多少委屈。林下植物及果实也坚持实施检疫，有人说：老百姓采点东西不易检什么检，她就耐心地向他们解释宣传病虫害传播的途径，直到他们理解为止，就是这样既防止了病害的蔓延又宣传了森防。

还有这样一组数据。她每年带领大家在野外蹲点 60 个昼夜，坚持野外调查捕捉昆虫、制作昆虫标本。目前，森防站标本室拥有昆虫标本 1 万余件，植物标本 700 余件，动物标本 30 余件，一件件栩栩如生的标本，足以反映当地各类资源分布情况。这是一笔宝贵财富。现已被林业局命名为“绿色教育基地”，每年接待参观者 300 人次以上。这些数字的背后，有着汗水滚洒、太阳暴晒的时刻，有身似浮萍风吹雨打的时刻，有蚊蝇追赶和瞎氓、草爬子叮咬的时刻，在心血和汗水的灌注里，她誓让自己的青春换来大森林这恒久的绿色。

尽责尽力　创一流队伍

她送走了老一辈森防人，又迎来了一批森防新人，“尽职尽责，承上启下”是她的使命，她要成为一名中坚力量，既虚心向老技术人员学习，又耐心向年轻人传道、授业，真正起到传、帮、带的作用。有一次她带年轻队员上山调查，看到柳树上起了很多白泡泡，年轻人就问她那是怎么回事？什么病啊？她告诉他们那是柳沫蝉，是虫害，然后详细讲解了柳沫蝉的生活史和防治方法。她还手把手地教年轻人做昆虫和植物标本，常常讲解的口干舌燥，当他们亲切地叫她“师傅”的时候她又感到特别幸福。年轻队员们很快就进入角色。而她仍要用她的工作热情、工作兴趣和工作信念，努力打造一支精诚团结为森防奉献，务实求真为了林海安宁的一流的森防队伍。

不骄不躁　奋斗无止境

一分耕耘，一分收获，她的工作得到上级各有关部门的肯定，她与大家合作研究的理论和 QC 技术成果，分别在大兴安岭林管局、内蒙古自治区乃至全国获得嘉奖。先后多次获得“三八”红旗手、管理局劳动模范、有害生物防治先进个人、民族团结先进个人和科技创新先进个人等多项荣誉，得耳布尔林业局森防站也获得了有害生物防治管理先进集体等多项殊荣。当她翻开《用伐根涂药防治泰加大树蜂的实验》《拟除虫菊脂涂环阻杀松毛虫的实验》《提高烟剂防治效果》《利用阿维菌素防治松毛虫的实验》《合理使用辅助剂提高苏云金杆菌对舞毒蛾的防治效果》等一批具有代表性的论著时，能够品味出这一切是她与她的团队努力和创新的结果。不论森防站，还是她个人所获得的荣誉，都凝结着团结协作、敢挑重担、敢闯新路的拼搏精神，正如当地人所说的那样——她是踏着绿海浪尖腾飞的守护人。

成绩只能代表过去，事业追求永无止境。“除害、敬业、厚德、求实”是她毕生的追求。今后她将在有限的工作时间里，将自己的美好年华，倾注在得耳布尔的绿色海洋中，用自己的勤奋、智慧和才识浓缩一段森防人的人生轨迹。